Web3, NFTs y el Metaverso

Cómo la Propiedad Digital, los Mundos Virtuales y la Tokenización Están Cambiando Internet para Siempre

Por Joe Correa

Publicado por Live Stronger Faster

Primera Edición

Tabla de Contenido

Introducción

Internet está atravesando la transformación más radical desde su creación. Estamos pasando del control centralizado al empoderamiento descentralizado, dando inicio a una nueva era de innovación y propiedad digital. Esta es la era de Web3, donde los usuarios ya no solo consumen contenido, sino que también lo poseen, lo crean y obtienen ganancias de él.

En el corazón de Web3 se encuentran tres tecnologías revolucionarias: la cadena de bloques, los tokens no fungibles (NFTs) y el metaverso. Juntas, representan la base de un mundo digital más democrático, abierto y monetizable. Los NFTs permiten la verdadera propiedad de activos digitales – desde obras de arte y música hasta bienes raíces virtuales – mientras que el metaverso difumina la línea entre nuestra vida física y digital, permitiendo experiencias inmersivas dentro de entornos virtuales. Web3 conecta todo esto, brindando a las personas las herramientas necesarias para recuperar el control de las grandes empresas tecnológicas y crear riqueza bajo sus propios términos.

Este libro es tu guía para navegar este emocionante futuro. Aprenderás qué es realmente Web3 y cómo se diferencia de Web2, las enormes oportunidades financieras ocultas dentro de los mercados de NFTs y cómo los mundos virtuales están redefiniendo la identidad, los bienes raíces, los negocios y el entretenimiento. Explorarás ejemplos reales de personas que están generando seis e incluso siete cifras mediante la propiedad de tierras digitales, la personalización de avatares, los videojuegos play-to-earn y la creación de contenido basada en blockchain.

Pero esto no se trata solo de teoría, sino de acción. Descubrirás cómo crear tu propio NFT, evaluar proyectos prometedores de Web3, comprar terrenos en el metaverso e incluso lanzar tu propio token. Obtendrás las habilidades necesarias para participar en la economía de los creadores, construir marcas enfocadas en la comunidad y convertirte en uno de los primeros en adoptar tecnologías que aún están en sus primeras etapas, pero que están creciendo rápidamente.

Ya seas artista, gamer, inversionista, emprendedor o simplemente una persona curiosa sobre lo que viene en el futuro, este libro te ayudará a desbloquear todo el potencial de la propiedad digital. No te quedes atrapado en la Web2. El futuro es descentralizado, inmersivo y impulsado por tokens. Exploremos juntos este nuevo mundo.

redefiniendo la identidad, los bienes raíces, los negocios y el entretenimiento. Explorarás ejemplos reales de personas que están generando seis e incluso siete cifras mediante la propiedad de tierras digitales, la personalización de avatares, los videojuegos play-to-earn y la creación de contenido basada en blockchain.

Pero esto no se trata solo de teoría, sino de acción. Descubrirás cómo crear tu propio NFT, evaluar proyectos prometedores de Web3, comprar terrenos en el metaverso e incluso lanzar tu propio token. Obtendrás las habilidades necesarias para participar en la economía de los creadores, construir marcas enfocadas en la comunidad y convertirte en uno de los primeros en adoptar tecnologías que aún están en sus primeras etapas, pero que están creciendo rápidamente.

Ya seas artista, gamer, inversionista, emprendedor o simplemente una persona curiosa sobre lo que viene en el futuro, este libro te ayudará a desbloquear todo el potencial de la propiedad digital. No te quedes atrapado en la Web2. El futuro es descentralizado, inmersivo e impulsado por tokens. Exploremos juntos este nuevo mundo.

Capítulo 1: Qué es Web3 y Por Qué Importa

La evolución de internet puede dividirse en tres eras distintas: Web1, Web2 y Web3. Cada fase ha transformado la manera en que los seres humanos interactúan, crean y hacen negocios en línea. Web1, conocida como la web estática, era de solo lectura. Permitía a los usuarios consumir contenido, pero la interacción era mínima. Los sitios web eran básicos, no dinámicos y en su mayoría proporcionaban información, como folletos digitales. Fue revolucionaria para su época, pero extremadamente limitada en cuanto a la participación del usuario.

Web2, el modelo dominante actual, introdujo la interactividad, las redes sociales y el contenido generado por los usuarios. Plataformas como YouTube, Facebook y Amazon permitieron que los usuarios crearan perfiles, comentaran, compartieran contenido multimedia e incluso vendieran productos. Internet se volvió más colaborativo, basado en comunidades y adaptable a dispositivos móviles. Sin embargo, también creó grandes problemas relacionados con la privacidad de los datos, la monopolización y el poder centralizado. Un pequeño grupo de corporaciones — Meta, Google, Apple y Amazon — posee la mayor parte de nuestros datos en línea y obtiene enormes ganancias de nuestra participación, mientras que nosotros, los usuarios, tenemos poco o ningún control sobre el contenido que producimos.

Web3 es la respuesta a ese desequilibrio. Representa un cambio de paradigma: un internet impulsado por tecnología blockchain, redes descentralizadas y propiedad tokenizada. Cambia el enfoque de plataformas centradas en empresas a sistemas centrados en el usuario, brindando a las personas las herramientas necesarias para poseer y monetizar directamente sus contribuciones. En lugar de iniciar sesión en una plataforma que controla tus datos, tú mantienes tu identidad, billetera y activos de manera independiente utilizando protocolos descentralizados. En Web3, ya no eres el producto: eres el participante, el creador y el propietario.

Una de las características clave de Web3 es la descentralización. Esto significa que ninguna entidad o servidor controla el sistema. En cambio, se basa en tecnología de registro distribuido, como blockchain, que garantiza transparencia, confianza y resistencia a la censura. Con contratos inteligentes y aplicaciones descentralizadas (dApps), las personas pueden interactuar, realizar transacciones y crear valor sin intermediarios ni guardianes corporativos. Piensa en servicios como Uber, Airbnb o Fiverr — ahora imagina sus versiones Web3, donde usuarios y proveedores de servicios se conectan directamente y comparten ingresos sin que una plataforma corporativa se quede con el 30% al 50% de las ganancias.

La tokenización es otro concepto central en Web3. Se refiere a convertir derechos o activos en un token digital dentro de una blockchain. Esto puede aplicarse a cualquier cosa: obras de arte, bienes raíces, acceso a eventos, programas de lealtad o incluso propiedad fraccionada de activos que generan ingresos. Los tokens pueden ser fungibles (como las criptomonedas) o no fungibles (NFTs), y crean nuevos modelos económicos donde el valor puede ganarse, transferirse y compartirse globalmente en cuestión de segundos.

La identidad también cambia en Web3. En lugar de tener docenas de inicios de sesión y contraseñas vinculadas a plataformas, los usuarios poseen una sola billetera cripto que funciona como su pasaporte digital. Esta billetera almacena fondos, NFTs, credenciales y claves de acceso. Les brinda portabilidad dentro del ecosistema Web3, permitiéndoles moverse entre dApps y metaversos sin necesidad de crear nuevas cuentas. También permite sistemas de reputación basados en la participación y no únicamente en el engagement dentro de una plataforma.

Web3 también empodera a los creadores como nunca antes. Los músicos pueden lanzar álbumes como NFTs con regalías integradas. Los escritores pueden monetizar blogs mediante acceso restringido por tokens. Los artistas pueden obtener ingresos directos de los coleccionistas sin necesidad de galerías. Los gamers pueden poseer activos dentro de videojuegos y comerciarlos por dinero real. Incluso los influencers pueden lanzar tokens sociales que aumenten de valor junto con su marca. Las posibilidades son infinitas.

Lo más importante es que Web3 trata sobre comunidad y propiedad. Las DAO — Organizaciones Autónomas Descentralizadas — permiten que grupos gobiernen e inviertan colectivamente. El crowdfunding se vuelve impulsado por la comunidad. Las decisiones son transparentes. La línea entre usuarios y accionistas comienza a desaparecer a medida que las personas construyen, poseen y se benefician juntas. Esto crea un ecosistema donde la colaboración reemplaza la competencia y donde las personas son recompensadas por su tiempo, datos, creatividad y lealtad.

En resumen, Web3 no es solo un cambio tecnológico, sino una revolución filosófica y económica. Redistribuye el poder desde las instituciones centralizadas hacia los individuos. Permite el intercambio de valor sin fronteras, la soberanía digital y la libertad creativa. Aunque todavía estamos en una etapa temprana y el espacio está lleno de exageración y volatilidad, los principios fundamentales están transformando todo: desde las finanzas y el arte hasta el entretenimiento y la gobernanza. Comprender Web3 ya no es opcional si deseas participar en el futuro de internet. Este capítulo establece la base para lo que viene: los NFTs, el metaverso y la creciente economía digital.

La Historia de NFTs de Marcus

Marcus siempre había sentido curiosidad por la tecnología, pero nunca entendió realmente cómo funcionaba internet. Como diseñador gráfico independiente, lo utilizaba todos los días para subir trabajos de clientes, enviar facturas y ocasionalmente compartir su arte en redes sociales. Pero más allá de las aplicaciones que utilizaba, Marcus se sentía como un extraño dentro de un mundo digital que no controlaba completamente. Todo eso cambió cuando un amigo cercano le envió un extraño enlace a una galería de arte Web3 construida sobre blockchain.

La galería no requería una cuenta. Ni correo electrónico. Ni contraseña. Solo un botón que decía “Conectar Billetera”. Marcus había descargado recientemente MetaMask después de escuchar rumores sobre los NFTs, así que hizo clic. Instantáneamente, el sitio se transformó en una experiencia completamente personalizada. La galería mostraba su nombre, su imagen de perfil e incluso una colección personalizada de NFTs que ni siquiera sabía que tenía, provenientes de un airdrop gratuito recibido anteriormente. Fue surrealista. Se sentía... suyo. Por primera vez, Marcus comprendió que no era solo un visitante: era el centro de la experiencia en internet.

Comenzó a investigar. Aprendió que los sitios web estáticos de principios de los años 2000 pertenecían a Web1: experiencias simples y de solo lectura. Luego llegó Web2 — redes sociales, servicios en la nube y plataformas que permitían a los usuarios crear y compartir contenido. Allí había pasado la mayor parte de su vida digital. Pero ahora había surgido una tercera fase. Una donde los usuarios poseían su contenido, identidades y activos digitales. Esto era Web3. Y estaba reescribiendo todo lo que creía saber sobre internet.

Cuanto más exploraba Marcus, más claro se volvía el cambio. En Web2, estaba obligado a seguir las reglas de los gigantes tecnológicos. Sus diseños podían ser eliminados sin previo aviso. Sus seguidores podían desaparecer con un simple cambio de algoritmo. ¿Y sus ingresos? Siempre tenía que entregar una parte a las plataformas que lo hospedaban o promocionaban. En Web3, esas reglas habían desaparecido. O mejor dicho, habían sido reescritas — por los propios usuarios.

Una tarde, Marcus se unió a un servidor de Discord para artistas digitales que trabajaban en Web3. Para su sorpresa, algunos de ellos estaban ganando más con un solo lanzamiento de NFTs que lo que habían ganado en todo un año trabajando en plataformas freelance. Sus seguidores no solo compraban arte: compraban propiedad, con la posibilidad de revender, exhibir o intercambiar las piezas. ¿Y los artistas? Recibían regalías automáticamente gracias a los contratos inteligentes. Sin facturas. Sin retrasos. Sin intermediarios.

Cuanto más participaba Marcus, más notaba cómo todo en Web3 giraba alrededor de sistemas "trustless", lo que significa que no necesitabas confiar en una empresa para que cumpliera sus promesas. El código blockchain las hacía cumplir automáticamente. Esa era una idea radical. Imagina un mundo donde Uber no necesitara existir, pero aun así conductores y pasajeros pudieran conectarse y pagarse instantáneamente. O donde YouTube no fuera una empresa, sino un centro de videos descentralizado donde los creadores recibieran pagos en tiempo real.

Su mente comenzó a llenarse de posibilidades. ¿Podría tokenizar el acceso a talleres privados de diseño? ¿Podría crear una escuela de diseño Web3 gobernada por sus propios estudiantes? ¿Podría descentralizar completamente sus ingresos? Imaginó una nueva versión de sí mismo – no solo como diseñador contratado, sino como un creador Web3 con seguidores, propiedad e influencia.

Y entonces llegaron las DAO — Organizaciones Autónomas Descentralizadas. Una noche, Marcus asistió a un evento virtual organizado por una DAO llamada Pixel Syndicate. Los miembros votaban sobre la financiación de nuevos proyectos de diseño. Cualquiera podía proponer una idea y, si a la comunidad le gustaba, aprobaban un presupuesto, ejecutaban pagos mediante contratos inteligentes y realizaban seguimiento de los resultados — todo sin una empresa ni un gerente. Era creatividad colectiva impulsada por código. Marcus quedó fascinado.

Pero no todo era perfecto. Pronto descubrió que con la libertad venía la responsabilidad. Las claves privadas debían protegerse como cofres del tesoro. Las estafas estaban en todas partes y el entusiasmo muchas veces superaba a la realidad. Aun así, Marcus sentía que el potencial superaba los riesgos. Comenzó a ver Web3 no solo como una mejora tecnológica, sino como una revolución cultural. No se trataba simplemente de nuevas aplicaciones, sino de nuevos valores: transparencia, propiedad, colaboración y autonomía.

Creó su primer NFT — una animación gráfica en bucle — y la vendió por 0.3 ETH. No era mucho dinero, pero sí algo simbólico. Su primera venta verdaderamente soberana. Sin plataforma. Sin comisiones. Solo un comprador, un contrato inteligente y él.

Durante los siguientes meses, Marcus se convirtió en una voz reconocida dentro del espacio creativo Web3. Enseñó a otros cómo comenzar, cómo crear NFTs de manera segura y cómo evitar errores comunes. Lanzó una pequeña DAO comunitaria para diseñadores freelance. Aprendió más en esos meses que en años de trabajo digital tradicional.

Web3 no era simplemente una palabra de moda. Para Marcus, se convirtió en un nuevo sistema operativo para la vida — una forma de participar, generar ingresos y conectarse bajo sus propios términos. Y sabía, en el fondo, que esto era apenas el comienzo. Un nuevo internet estaba naciendo. Uno que finalmente devolvía el poder a las personas que realmente le daban valor.

Y él estaba listo para ayudar a construirlo.

Capítulo 2: Entendiendo los NFTs (Tokens No Fungibles)

Los NFTs — o Tokens No Fungibles — son una de las innovaciones más incomprendidas y revolucionarias de la era Web3. A menudo se reducen en los titulares a arte digital sobrevalorado o trucos de celebridades, pero esa es una interpretación superficial. Los NFTs representan una nueva forma de propiedad digital, verificada por la blockchain y respaldada por confianza descentralizada. Para comprender el impacto de los NFTs, es esencial comenzar con lo básico: qué son y por qué son importantes.

El término "no fungible" significa que algo es único y no puede ser reemplazado por otra cosa de igual valor. A diferencia de un billete de dólar o un Bitcoin — que son fungibles y pueden intercambiarse uno por uno — los NFTs representan activos individuales e irreemplazables. Cada NFT contiene metadatos e identificadores que lo hacen distinguible de todos los demás. Esta singularidad es lo que les permite representar la propiedad de artículos digitales o incluso físicos específicos.

Los NFTs funcionan gracias a la tecnología blockchain, principalmente en la red Ethereum, aunque otras blockchains como Solana, Polygon, Tezos y BNB Chain también admiten NFTs. Cada NFT es un token almacenado en la blockchain con un identificador único y metadatos que apuntan a un artículo digital o físico — esto puede incluir obras de arte, música, videos, bienes raíces virtuales, artículos de videojuegos, boletos para eventos e incluso documentos legales. La blockchain verifica la autenticidad y rastrea el historial de propiedad, garantizando escasez, procedencia y transparencia.

Uno de los conceptos más poderosos que introducen los NFTs es la propiedad programable. Mediante contratos inteligentes, los creadores pueden incorporar reglas dentro del NFT — como recibir regalías cada vez que el artículo se revenda. Por ejemplo, un artista puede establecer una regalía del 10%, asegurando ingresos no solo por la venta inicial, sino también por cada transacción en el mercado secundario. Esto representa un cambio radical frente a la economía creativa tradicional, donde los creadores suelen perder el control de su obra después de la primera venta.

Los NFTs han explotado en popularidad en múltiples industrias. En el arte, plataformas como OpenSea, Foundation, SuperRare y Zora han permitido que artistas digitales creen y vendan sus obras sin necesidad de galerías ni agentes. Los músicos pueden tokenizar álbumes y ofrecer canciones exclusivas a los poseedores de NFTs. Los atletas y celebridades están utilizando NFTs para conectar con sus seguidores mediante recuerdos de edición limitada, mientras que los escritores exploran los NFTs como una forma de publicar contenido restringido por tokens o libros de edición limitada.

Los videojuegos son otra gran frontera para los NFTs. En los juegos tradicionales, los jugadores invierten incontables horas y dinero en skins, armas y artículos que, al final, permanecen bajo el control del desarrollador del juego. Con los NFTs, los jugadores realmente poseen los activos dentro del juego y pueden venderlos o intercambiarlos en mercados abiertos. Juegos como Axie Infinity, The Sandbox e Illuvium han demostrado cómo las economías play-to-earn pueden empoderar financieramente a los jugadores.

Pero los NFTs van mucho más allá de los coleccionables y los videojuegos. Empresas inmobiliarias están utilizando NFTs para tokenizar escrituras de propiedades. Startups están emitiendo certificados de acciones como NFTs. Organizadores de eventos emiten boletos NFT que también funcionan como pases coleccionables o acceso VIP. Incluso universidades están explorando diplomas basados en NFTs para autenticación. Estos casos de uso sugieren un futuro donde los NFTs reemplazarán muchas formas de documentación tradicional, permitiendo una propiedad portátil, verificable y segura de prácticamente cualquier cosa.

A pesar de sus beneficios, los NFTs no están libres de

controversia. Los críticos argumentan que son perjudiciales para el medio ambiente debido al consumo energético de algunas blockchains, aunque muchas plataformas nuevas ahora son energéticamente eficientes. Otros se preocupan por la naturaleza especulativa del mercado, donde los precios pueden dispararse y desplomarse rápidamente. Como cualquier tecnología emergente, los NFTs han atraído estafadores y actores maliciosos. Colecciones falsas, ataques de phishing y rug pulls han afectado a los primeros usuarios, haciendo que la educación y la seguridad sean fundamentales.

Para interactuar con NFTs de forma segura, necesitas una billetera cripto — como MetaMask o Phantom — que se conecte a las plataformas NFT. Crear un NFT generalmente implica subir contenido, agregar metadatos, seleccionar regalías y pagar una tarifa de gas. Una vez creado, el NFT puede venderse o transferirse. Los compradores reciben el token en su billetera y todas las transacciones quedan registradas permanentemente en la blockchain.

En última instancia, los NFTs representan un cambio fundamental en la manera en que se crea e intercambia valor en internet. Permiten que los creadores tokenicen cualquier cosa, controlen sus ingresos, construyan comunidades leales y participen en una economía de propiedad descentralizada. Ya seas artista, gamer, emprendedor o inversionista, comprender los NFTs abre la puerta a nuevas formas de creatividad, ingresos e interacción. El futuro estará tokenizado — y los NFTs son la puerta de entrada.

Ahora, hablemos de Sasha.

Sasha siempre había sido una artista digital. Desde el momento en que descubrió Photoshop en la secundaria, quedó fascinada. Pasaba horas mezclando paisajes surrealistas y dibujando personajes etéreos, subiendo sus obras a Instagram y DeviantArt con la esperanza de que alguien las notara. Ocasionalmente, alguna marca le ofrecía un trabajo — un diseño de banner aquí, un retrato digital allá — pero nunca era suficiente para vivir de ello a tiempo completo. La mayoría de sus publicaciones eran admiradas, recibían "me gusta" y luego desaparecían en el interminable desplazamiento de las redes sociales. Su creatividad generaba interacción en enormes plataformas, pero ella no ganaba ni un centavo por la mayor parte de ello.

Todo cambió el día en que vio un tweet de un artista que seguía: "Acabo de vender mi primer NFT por 2 ETH. Estoy temblando." Al principio, Sasha puso los ojos en blanco. Otra cosa de criptomonedas. Otra palabra de moda. Pero la palabra "vendí" quedó resonando en su mente. Hizo clic en el tweet y luego en el enlace, aterrizando en un mercado NFT llamado

Foundation. Lo que encontró la dejó impresionada — arte digital igual al suyo, vendiéndose por cientos o miles de dólares. Y no se trataba solo de dinero: se trataba de propiedad. Cada pieza tenía un título, un creador y un historial de transacciones. Esto no era simplemente subir un JPEG. Era un activo certificado y rastreable.

Curiosa pero escéptica, Sasha se adentró en el mundo de los NFTs. Aprendió que los NFTs no eran simplemente archivos de imagen — eran certificados digitales de autenticidad almacenados en la blockchain. Cada uno era único, no fungible y podía demostrar la propiedad de una pieza específica de contenido. Comprendió que lo que había faltado en su camino creativo no era solo visibilidad — era control. Los NFTs ofrecían una forma de empaquetar su arte para que pudiera ser poseído, revendido e incluso programado para pagarle regalías para siempre.

Una noche, Sasha se quedó despierta creando su primer NFT. Era una animación melancólica y onírica llamada “Sin Peso”. La subió a OpenSea, conectó su billetera MetaMask, estableció una regalía del 10% para futuras ventas y pagó una pequeña tarifa de gas para publicarla en Ethereum. En pocos días, un coleccionista de Alemania la compró por 0.5 ETH. Observó incrédula cómo la transacción se confirmaba y el saldo de su billetera se actualizaba. No era solo el dinero — era validación.

Alguien al otro lado del mundo creía que su arte tenía valor. Y esta vez, estaba registrado permanentemente en la blockchain.

Cuanto más aprendía, más empoderada se sentía. Sasha comenzó a participar en Twitter Spaces donde artistas discutían sobre la economía NFT, problemas de derechos de autor y contratos inteligentes. Se conectó con comunidades en Discord donde coleccionistas y creadores debatían plataformas y colaboraban en colecciones grupales. Vio músicos lanzando álbumes como NFTs con beneficios exclusivos para los fans. Descubrió desarrolladores de videojuegos construyendo universos donde cada skin, espada o avatar podía ser revendida por el jugador. El mundo creativo estaba cambiando — de plataformas centralizadas a una economía de propiedad descentralizada — y ahora ella formaba parte de ella.

Uno de los momentos decisivos llegó cuando colaboró con un artista 3D para crear una escultura digital inmersiva. La convirtieron en un NFT único y la ofrecieron junto con un archivo de realidad aumentada, para que el comprador pudiera verla desde su teléfono en cualquier parte del mundo. Se vendió en menos de 24 horas por 1.2 ETH. El comprador le escribió: "Esta pieza significa más para mí de lo que imaginas. Será la pieza central de mi galería virtual." Fue entonces cuando Sasha comprendió que el arte ya no estaba limitado a paredes o sitios web. Podía vivir en metaversos, en realidad aumentada, en realidad virtual y en las billeteras de fans que realmente valoraban la experiencia.

Pero no todo era perfecto. Sasha aprendió duras lecciones sobre las estafas. Un día hizo clic en un enlace falso que prometía incluir su obra en una galería online y casi perdió toda su billetera. Afortunadamente, reconoció las señales de alerta justo a tiempo y desconectó su wallet. Comenzó a verificar dos veces cada sitio web, utilizar billeteras frías para almacenamiento y enseñar a otros cómo mantenerse seguros. El espacio era nuevo, emocionante, pero lleno de trampas para quienes no estaban preparados.

Durante los meses siguientes, la reputación de Sasha creció. Fue invitada a participar en paneles, apareció en revistas NFT e incluso expuso en una galería física que mostraba arte digital mediante pantallas. Pero lo que más valoraba no era la fama ni siquiera las ganancias — era la libertad. No más guardianes. No más comisiones del 50% para galerías. No más invisibilidad causada por algoritmos. Su arte le pertenecía, y también el valor que generaba.

Los NFTs no solo cambiaron sus ingresos — cambiaron su identidad. Ya no era una artista luchando por llamar la atención. Era una creadora Web3, fundadora de su propia mini economía y mentora para otros que ingresaban al espacio. El viaje apenas comenzaba, pero Sasha sabía algo con certeza: el mundo nunca volvería a ver el arte digital de la misma manera.

Capítulo 3: El Auge del Metaverso

El concepto del metaverso ha pasado rápidamente de ser ciencia ficción a convertirse en una realidad económica. Antes reservado para entusiastas de la realidad virtual y futuristas, el metaverso ahora está siendo desarrollado y adoptado por algunas de las empresas más grandes del mundo y las comunidades blockchain de más rápido crecimiento. Pero, ¿qué es exactamente el metaverso? En términos simples, el metaverso es un espacio digital persistente, compartido e inmersivo donde las personas pueden socializar, trabajar, jugar, construir e incluso poseer propiedades — impulsado por tecnología blockchain y economías dirigidas por los usuarios.

En esencia, el metaverso es una red de mundos virtuales y experiencias interconectadas. Estos entornos digitales pueden ser accesibles mediante navegadores de escritorio, dispositivos móviles o tecnologías inmersivas como cascos de realidad virtual (VR) y herramientas de realidad aumentada (AR). Dentro de estos espacios, los usuarios son representados por avatares — versiones digitales de sí mismos — que pueden interactuar con otros usuarios, asistir a eventos, construir estructuras, intercambiar activos o participar en juegos y simulaciones. El metaverso no es solo una plataforma, sino una constelación de plataformas interoperables o que lo serán en el futuro.

La blockchain y las criptomonedas desempeñan un papel central para permitir la verdadera propiedad dentro del metaverso. A diferencia de los videojuegos tradicionales donde los activos digitales son controlados por los desarrolladores, el metaverso permite la propiedad de activos mediante NFTs y tokens nativos. Ya sea una parcela de tierra virtual, unas zapatillas para avatares o una mascota digital, estos activos pertenecen al usuario y no a la plataforma. Esta descentralización transforma por completo el modelo tradicional de videojuegos y redes sociales, creando incentivos económicos completamente nuevos.

Varias plataformas del metaverso se han convertido en líderes dentro de este espacio. Decentraland, por ejemplo, es un mundo basado en blockchain donde los usuarios pueden comprar, vender y construir sobre parcelas de tierra utilizando su token nativo, MANA. The Sandbox ofrece capacidades similares, pero con mayor enfoque en la creación de juegos estilo voxel, monetización y experiencias play-to-earn utilizando tokens SAND. Somnium Space y Cryptovoxels también ofrecen bienes raíces virtuales, experiencias sociales y monetización para creadores. Estas plataformas suelen organizar eventos, conferencias, conciertos y festivales, cerrando la brecha entre el mundo físico y el digital.

Los bienes raíces dentro del metaverso se han convertido en uno de los aspectos más comentados de esta nueva frontera digital. La tierra virtual puede comprarse como NFTs, permitiendo a los propietarios construir casas, tiendas, galerías o parques de diversiones. Estos espacios digitales pueden monetizarse mediante acceso con boletos, anuncios publicitarios o ventas de productos digitales. Al igual que en la vida real, la ubicación importa — las parcelas cercanas a centros populares o terrenos propiedad de celebridades suelen tener precios más altos. Algunas empresas han pagado millones para adquirir propiedades dentro del metaverso, lo que demuestra la seriedad con la que esta tendencia está siendo adoptada.

La interacción social y la identidad también desempeñan un papel fundamental. Los usuarios personalizan sus avatares, coleccionan moda digital y se expresan mediante NFTs. Los eventos dentro del metaverso ya no están limitados por la geografía. Músicos como Travis Scott y Snoop Dogg han organizado conciertos en mundos virtuales con millones de asistentes. Los fans no solo participan, sino que también pueden poseer mercancía virtual, registrar la experiencia como NFTs o acceder a contenido exclusivo vinculado a su presencia digital.

La educación, el trabajo remoto y el comercio están encontrando rápidamente aplicaciones dentro del metaverso. Se están creando campus virtuales para que estudiantes asistan a clases desde cualquier lugar del mundo. Empresas están construyendo oficinas basadas en el metaverso para realizar reuniones o colaborar en entornos 3D. Marcas como Nike, Gucci y Adidas están lanzando tiendas virtuales y productos exclusivamente digitales. Estos desarrollos muestran que el metaverso no es solo para gamers o entusiastas de las criptomonedas — se está convirtiendo en una plataforma social mucho más amplia.

El auge del metaverso también introduce nuevos modelos de negocio. Los creadores pueden generar ingresos diseñando accesorios digitales, construyendo experiencias interactivas u organizando exhibiciones virtuales. Los desarrolladores pueden monetizar lógica de videojuegos y scripts mediante contratos inteligentes. Incluso usuarios casuales pueden ganar dinero alquilando tierras virtuales, haciendo staking de tokens del metaverso o participando en sistemas de gobernanza basados en tokens que moldean el desarrollo de estas plataformas.

Sin embargo, aún existen desafíos. El metaverso sigue en sus primeras etapas y enfrenta problemas de fragmentación, escalabilidad y barreras de experiencia de usuario. La interoperabilidad entre plataformas es limitada, lo que significa que activos de un metaverso podrían no funcionar en otro. El hardware de realidad virtual sigue siendo costoso y todavía no es totalmente masivo. La seguridad, la privacidad y la moderación continúan siendo preocupaciones importantes. Además, a medida que grandes empresas tecnológicas ingresan al espacio, crece la preocupación sobre si la visión descentralizada original del metaverso será preservada.

A pesar de estos desafíos, la dirección es clara. El metaverso se está convirtiendo en la próxima evolución de internet – un cambio de páginas 2D a espacios 3D. Es el lugar donde nuestras vidas digitales se desarrollarán cada vez más, ofreciendo nuevas oportunidades de conexión, creatividad y comercio. Para individuos y emprendedores con visión de futuro, aprender a navegar y construir dentro del metaverso hoy es como obtener acceso anticipado a la próxima fiebre del oro digital. Ya seas creador, inversionista, educador o empresario, el metaverso ya no es una cuestión de "si", sino de "cuándo" y "cómo".

Cómo Jordan Descubrió Decentraland

Jordan ajustó las correas de su casco de realidad virtual y parpadeó dos veces mientras el mundo a su alrededor se transformaba. Una habitación vacía se convirtió en un exuberante paisaje urbano digital — jardines flotantes, torres de neón y avatares caminando en todas las formas y tamaños. Estaba dentro de Decentraland, asistiendo a un concierto en vivo organizado por uno de sus músicos independientes favoritos. Pero esto no era simplemente otro espectáculo virtual transmitido desde una pantalla. Era inmersivo, personal e interactivo. Podía bailar, conversar con otros fans e incluso comprar mercancía digital exclusiva que sería almacenada en su billetera cripto como NFTs.

Dos años antes, Jordan se habría reído ante la idea de comprar "tierra virtual" o asistir a un concierto mediante un avatar. Pero la pandemia cambió todo. El trabajo remoto se convirtió en la norma. La socialización se trasladó a videollamadas y plataformas online. Y en algún punto de ese proceso, el concepto del metaverso — antes descartado como una simple palabra de moda — se convirtió en un estilo de vida.

Jordan escuchó por primera vez sobre el metaverso gracias a su hermana menor, una diseñadora de videojuegos que había comenzado a construir experiencias virtuales en The Sandbox. Ella le mostró cómo las personas estaban comprando parcelas de tierra, construyendo tiendas digitales y alquilándolas para generar ingresos reales. Un centro comercial virtual que ella diseñó generó más dinero en un mes que todo lo que había ganado el año anterior trabajando en un estudio tradicional de videojuegos. Los propietarios le pagaban en tokens SAND, y ella los convertía instantáneamente en dólares estadounidenses mediante un exchange de criptomonedas.

Curioso, Jordan compró una pequeña parcela de tierra en una esquina tranquila del metaverso. Era como comprar bienes raíces digitales en el borde de una ciudad en pleno crecimiento. Al principio no sabía qué hacer con ella. Entonces llegó la inspiración: un espacio virtual de coworking. Se asoció con un arquitecto 3D y un desarrollador Web3 para diseñar un centro futurista y elegante para trabajadores remotos, completo con arte NFT en las paredes, salas privadas de reuniones e incluso eventos de networking en la azotea. En pocas semanas después del lanzamiento, los usuarios comenzaron a pagar para reservar espacios. Integró acceso mediante tokens usando contratos inteligentes — solo los poseedores de ciertos NFTs podían entrar — y vendió "pases de oficina" como coleccionables.

A medida que la noticia se difundía, también lo hacían las oportunidades. Comenzó a organizar talleres virtuales, conferencias digitales e incluso ferias de empleo — todo dentro de su rincón del metaverso. Conferencistas de todo el mundo "llegaban" como avatares. Los asistentes recibían NFTs como prueba de asistencia. Los patrocinadores alquilaban espacios para stands y pagaban en criptomonedas. Lo que alguna vez sonó como ciencia ficción se convirtió en su fuente principal de ingresos.

Jordan rápidamente notó cómo funcionaba la identidad de manera diferente dentro del metaverso. En el mundo real, era introvertido y tímido. Pero en línea, su avatar — equipado con armadura cyberpunk de neón y ojos brillantes — se sentía poderoso, expresivo y seguro. No estaba solo. Amigos de todas partes del mundo habían construido identidades completas alrededor de sus avatares. Algunos eran artistas que vendían moda digital. Otros eran músicos creando fiestas inmersivas para escuchar música. Incluso grandes marcas habían abierto tiendas dentro del metaverso. Un día, Jordan entró en una tienda de Gucci y compró unas zapatillas virtuales que no podía usar en la vida real, pero que lucían increíbles en su avatar — y que además le ganaron elogios de completos desconocidos.

Aun así, no ignoraba los desafíos. La interoperabilidad entre metaversos era un desastre. Su identidad en Decentraland no se transfería a The Sandbox. Los cascos VR le provocaban dolores de cabeza después de sesiones largas. Y mientras sus amigos expertos en criptomonedas navegaban el mundo digital con facilidad, sus padres todavía no podían entender por qué alguien gastaría dinero real en un boleto para un concierto digital. La seguridad también era una preocupación.

Un amigo perdió su propiedad virtual debido a una mala protección de su billetera. Estas lecciones hicieron que Jordan fuera más cauteloso, pero también más comprometido con el futuro.

Uno de sus momentos de mayor orgullo ocurrió cuando ayudó a una organización sin fines de lucro a construir un museo virtual para artistas subrepresentados. La exhibición incluía arte NFT de todo el mundo, accesible las 24 horas y respaldado por transacciones de bajo costo en Polygon. La entrada era gratuita, pero las donaciones comenzaron a llegar de visitantes conmovidos por la experiencia. Fue un recordatorio de que el metaverso no se trata únicamente de ganancias — se trata de presencia. Se trata de unir a las personas de maneras significativas, creativas y empoderadoras.

Hoy, Jordan ya no veía el metaverso como una moda pasajera. Era una capa digital superpuesta sobre la realidad — un lugar donde las personas podían construir, soñar y conectarse más allá de fronteras o barreras. Y mientras permanecía sobre su azotea virtual, observando un horizonte construido con código e imaginación, sonrió. El futuro ya no era algo que esperaba. Lo estaba viviendo — y ayudando a darle forma.

Capítulo 4: Cómo Ganar Dinero con Web3, los NFTs y el Metaverso

La economía digital de Web3, los NFTs y el metaverso no es solo un concepto futurista — ya está generando ingresos para millones de personas en todo el mundo. Ya seas artista, inversionista, constructor, gamer o miembro de una comunidad, existen múltiples caminos para obtener ganancias en este mundo descentralizado. Pero comprender la mecánica detrás de cada fuente de ingresos es esencial para evitar caer en exageraciones o estafas. En este capítulo exploraremos las formas más prácticas y comprobadas de generar ingresos dentro del espacio Web3, junto con estrategias para maximizar resultados y reducir riesgos.

Una de las oportunidades más accesibles es crear y vender NFTs. Artistas, músicos, autores, fotógrafos y diseñadores pueden crear sus obras digitales en plataformas como OpenSea, Rarible, Foundation o Zora. La barrera de entrada es mucho menor que en las industrias tradicionales — no se necesitan galerías, editoriales ni intermediarios. Al incorporar regalías dentro del contrato inteligente, los creadores también pueden generar ingresos recurrentes cada vez que sus obras son revendidas. Los lanzamientos exitosos de NFTs suelen depender de construir una comunidad en plataformas como

Discord y Twitter, ofrecer utilidad a los compradores (por ejemplo, acceso exclusivo, futuros airdrops o eventos) y mantener transparencia.

Otra gran fuente de ingresos es la inversión en bienes raíces virtuales. Plataformas como Decentraland, The Sandbox y Otherside ofrecen parcelas digitales como NFTs. Estas parcelas pueden aumentar de valor, alquilarse o desarrollarse como negocios virtuales. Por ejemplo, puedes construir una galería de arte NFT, organizar eventos con boletos, ofrecer espacios publicitarios o crear videojuegos y experiencias interactivas. La clave para obtener ganancias con bienes raíces en el metaverso es la ubicación (cerca de zonas de alto tráfico), la creatividad (construir algo único) y la utilidad (ofrecer valor a los usuarios). Al igual que en las propiedades físicas, el desarrollo aumenta el atractivo y el potencial de monetización del activo.

El staking de tokens y el yield farming también son estrategias poderosas, especialmente para quienes poseen criptomonedas. El staking consiste en bloquear tus tokens dentro de un protocolo blockchain para ayudar a validar transacciones a cambio de recompensas. Muchas plataformas ofrecen opciones de staking con rendimientos porcentuales anuales (APY) que van desde el 5% hasta más del 100%, dependiendo del proyecto y del nivel de riesgo. El yield farming, por otro lado, permite a los usuarios proporcionar liquidez a exchanges descentralizados (DEXs) como Uniswap o PancakeSwap y obtener recompensas a cambio. Aunque potencialmente lucrativas, ambas estrategias implican riesgos relacionados con la volatilidad de los tokens, pérdidas impermanentes y vulnerabilidades en contratos inteligentes, por lo que la gestión del riesgo y la investigación son fundamentales.

Los gamers pueden aprovechar modelos play-to-earn que recompensan la participación con criptomonedas reales. Juegos como Axie Infinity, Illuvium y Star Atlas ofrecen tokens dentro del juego, personajes basados en NFTs y recursos que pueden intercambiarse por ingresos reales. Algunos jugadores han convertido los videojuegos en un trabajo de tiempo completo, especialmente en regiones con salarios promedio más bajos. También han surgido programas de "scholarships" y guilds, permitiendo que propietarios de activos alquilen NFTs a jugadores que no pueden costear la inversión inicial, creando oportunidades de ingresos compartidos entre personas de diferentes partes del mundo.

Lanzar un token social o utilitario es una tendencia creciente entre influencers, creadores de contenido y constructores de comunidades. Estos tokens pueden representar acceso, gobernanza o derechos de participación dentro de una comunidad. Por ejemplo, poseer cierta cantidad de tokens de un creador podría otorgar acceso a contenido privado, poder de decisión o mercancía exclusiva. Plataformas como Rally, BitClout y Roll facilitan relativamente el lanzamiento de un token vinculado a tu marca o misión. La monetización puede provenir del volumen de intercambio, la apreciación del token o modelos de participación comunitaria restringidos mediante tokens.

Los servicios y consultorías para el metaverso están creciendo rápidamente a medida que empresas y creadores buscan ayuda para construir su presencia dentro de mundos virtuales. Los desarrolladores capaces de diseñar entornos 3D, crear avatares o programar contratos inteligentes tienen alta demanda. Organizadores de eventos están creando conferencias virtuales. Especialistas en marketing lanzan campañas NFT. Educadores ofrecen formación sobre billeteras digitales y plataformas Web3. Si tienes habilidades tradicionales como desarrollo web, diseño, marketing o enseñanza, puedes adaptarlas y vender esos servicios dentro del metaverso y el ecosistema Web3.

Incluso es posible generar ingresos pasivos mediante el alquiler de activos digitales. Los propietarios de NFTs pueden alquilar personajes de videojuegos, tiendas virtuales o herramientas digitales para uso temporal. Los propietarios de tierras en el metaverso alquilan lugares para eventos y oficinas virtuales. Con la configuración adecuada de contratos inteligentes, los pagos de alquiler y los permisos de acceso pueden automatizarse. Esto convierte activos digitales inactivos en fuentes recurrentes de ingresos.

El marketing de afiliados y el flipping de NFTs son estrategias más especulativas. Algunas personas ganan dinero promocionando colecciones NFT o herramientas cripto y obteniendo un porcentaje de cada transacción. Otras investigan próximos lanzamientos de NFTs, compran temprano y revenden para obtener ganancias. Aunque potencialmente rentables, estos métodos requieren mucha atención, conocimiento profundo de tendencias y excelente sincronización para evitar pérdidas.

Finalmente, participar en Organizaciones Autónomas Descentralizadas (DAOs) puede ofrecer oportunidades de ingresos mediante contribuciones comunitarias. Los miembros pueden ganar tokens o recompensas votando, promocionando la DAO, creando contenido o desarrollando nuevas funciones. Algunas DAOs pagan a sus colaboradores con tokens nativos que pueden aumentar de valor con el tiempo. Las DAOs más exitosas funcionan como startups Web3 — descentralizadas, impulsadas por una misión y potenciadas por la colaboración comunitaria.

La clave para ganar dinero con Web3, los NFTs y el metaverso es la creación de valor. Ya sea que estés construyendo, invirtiendo, curando contenido, enseñando o entreteniendo, los ingresos fluyen hacia quienes resuelven problemas, construyen comunidades u ofrecen experiencias atractivas. Este espacio recompensa mucho más la iniciativa, la creatividad y la conexión que las credenciales formales. Todavía estamos en una etapa temprana y la curva de aprendizaje puede ser pronunciada, pero las oportunidades son reales y están creciendo. Si logras comprender las herramientas, detectar tendencias y mantenerte activo dentro de la comunidad, podrás crear tu propio camino de ingresos digitales — un bloque a la vez.

Cómo Dani Aprendió a Ganar Dinero con NFTs

Dani no era una genio tecnológica. No escribía código, no comerciaba criptomonedas y ni siquiera había escuchado sobre MetaMask hasta hacía unos meses. Pero tenía algo más — creatividad, esfuerzo y un profundo deseo de finalmente escapar de la rutina agotadora del trabajo de 9 a 5 que consumía su energía diariamente. Había pasado una década como fotógrafa independiente, aceptando trabajos para bodas, negocios locales y fotografías de productos, muchas veces trabajando más horas de las que realmente le pagaban. Entonces un día, mientras navegaba por Twitter, vio un hilo titulado: "Cómo gané $27,000 en un fin de semana con fotografía NFT."

Esa frase encendió algo dentro de ella.

Hizo clic, leyó, investigó y luego cayó de lleno en el mundo de los NFTs. A diferencia de los sitios de fotografía stock donde ganaba centavos por descarga, los NFTs ofrecían algo radical — propiedad. Podía crear sus obras en blockchain, venderlas como activos digitales únicos y ganar regalías cada vez que sus imágenes fueran revendidas. Sin intermediarios. Sin procesos de aprobación. Solo su arte, sus reglas y una audiencia global hambrienta de autenticidad.

Creó su primera colección en Foundation — una serie de fotografías surrealistas de la naturaleza llamada "Edén Fragmentado". En menos de una semana, tres piezas se vendieron. Su billetera recibió ETH y la sensación fue electrizante. Era su primera experiencia de ingresos dirigidos por creadores, y no sería la última.

Dani rápidamente comprendió que el mundo NFT era mucho más que una galería — era una comunidad. Construyó un servidor en Discord, organizó conversaciones en vivo con sus seguidores y colaboró con músicos que utilizaron sus imágenes como portadas para sus álbumes NFT. Aprendió a recompensar a los coleccionistas enviando material detrás de cámaras, fotografías inéditas y acceso a reuniones privadas dentro del metaverso. Sus ingresos crecieron constantemente — no solo por nuevos lanzamientos, sino también por las regalías de reventa que llegaban cada mes.

Pero los NFTs eran solo el comienzo. Dani comenzó a explorar bienes raíces virtuales en The Sandbox y Decentraland. Al principio compró una pequeña parcela por curiosidad. Luego la convirtió en un estudio fotográfico y galería NFT. Su avatar ofrecía recorridos a coleccionistas interesados. Alquilaba el espacio a otros artistas para exhibiciones. Incluso organizó una sesión fotográfica de boda virtual, capturando imágenes dentro de un jardín personalizado construido completamente en realidad virtual.

A medida que crecía su confianza en las criptomonedas, también lo hacían sus fuentes de ingresos. Comenzó a hacer staking con parte del ETH que ganaba, bloqueándolo en contratos inteligentes mediante plataformas como Lido y obteniendo rendimiento pasivo. Se unió a una DAO para creadoras femeninas en Web3 y recibió tokens de gobernanza como recompensa por contribuir con tutoriales y guías de incorporación. En Twitter comenzó a ser conocida como "La Fotógrafa NFT" — y las marcas empezaron a pagarle en criptomonedas para promocionar equipos y cursos.

No todo fue fácil. Una vez perdió dinero haciendo farming de un nuevo token que se desplomó de valor. Otra vez cayó en un sitio de phishing que intentó vaciar su billetera — afortunadamente, su hábito de usar una hardware wallet la salvó. Pero cada tropiezo se convirtió en una lección, y ella siguió adelante.

Muy pronto, Dani ganaba más dinero del que jamás había obtenido en su carrera como freelance — y trabajando menos horas. Lo que más le sorprendía no era el dinero — era el empoderamiento. Ya no competía en un mercado saturado controlado por algoritmos y guardianes corporativos. Estaba construyendo un negocio digital alrededor de su pasión — bajo sus propias reglas.

Incluso comenzó a enseñar a otros cómo hacer lo mismo. Sus talleres, realizados en el espacio inmersivo del metaverso de spatial.io, cubrían desde la configuración de billeteras hasta estrategias de marketing NFT. Los asistentes pagaban en criptomonedas y cada boleto era un NFT — funcionando tanto como acceso como objeto coleccionable. Emitía POAPs (Proof of Attendance Protocol tokens) como certificados digitales para los participantes. Muy pronto, sus sesiones estaban reservadas con semanas de anticipación.

Al finalizar el año, Dani tenía cinco fuentes de ingresos: venta de NFTs, alquiler de bienes raíces virtuales, staking de criptomonedas, organización de talleres y consultoría para marcas que ingresaban al metaverso. No solo sobrevivía en Web3 — prosperaba. Y todo había comenzado con una sola fotografía y un salto hacia un espacio que nadie a su alrededor entendía todavía.

Sabía que el entusiasmo iría y vendría. Sabía que los mercados subirían y bajarían, y que plataformas surgirían y desaparecerían. Pero los principios habían llegado para quedarse: propiedad, descentralización y valor impulsado por la comunidad. Dani había encontrado una nueva economía — una donde su tiempo, talento e ideas finalmente eran respetados y recompensados.

Y por primera vez en su vida adulta, era libre.

Capítulo 5: Riesgos, Estafas y el Futuro de la Propiedad Digital

Por más revolucionarios que sean Web3, los NFTs y el metaverso, no están libres de riesgos significativos. Esta nueva frontera todavía se encuentra en sus primeras etapas: evoluciona rápidamente, está poco regulada y es accesible para cualquier persona con conexión a internet. Con esta apertura llegan tanto oportunidades como peligros. Comprender los principales riesgos, las estafas más comunes y las implicaciones a largo plazo es fundamental para cualquiera que quiera participar de manera segura y exitosa en el mundo de la propiedad digital.

Uno de los mayores riesgos en Web3 es la irreversibilidad de las transacciones en blockchain. En la banca tradicional, una transacción fraudulenta muchas veces puede revertirse o disputarse. Pero en los ecosistemas blockchain, una vez que firmas una transacción y esta se confirma, es definitiva. Esto crea un entorno perfecto para estafadores que engañan a los usuarios para enviar criptomonedas o NFTs mediante ingeniería social, sitios de phishing o contratos inteligentes falsos. Un solo clic equivocado puede resultar en la pérdida total de todo lo que hay en tu billetera.

El phishing es extremadamente común en el espacio NFT y cripto. Los estafadores suelen hacerse pasar por plataformas o influencers confiables utilizando URLs falsas que se parecen mucho a las reales. Atraen a las víctimas para que conecten sus billeteras y aprueben sin saberlo transacciones maliciosas que transfieren todos sus activos. Para evitar esto, los usuarios siempre deben verificar cuidadosamente las URLs, nunca hacer clic en mensajes directos o correos sospechosos y utilizar extensiones de navegador como Wallet Guard o billeteras físicas como Ledger para mayor protección.

Las vulnerabilidades en contratos inteligentes representan otra amenaza. Incluso colecciones NFT legítimas o plataformas DeFi pueden contener código defectuoso. Si un contrato inteligente es explotado, los hackers pueden vaciar fondos, crear NFTs no autorizados o destruir todo un ecosistema. Esto ha sucedido repetidamente con proyectos DeFi y lanzamientos NFT de alto perfil. Aunque servicios de auditoría como CertiK y Quantstamp ayudan a verificar la seguridad de los contratos, la mayoría de los usuarios no tiene el conocimiento técnico necesario para evaluar estos riesgos por sí mismos. La mejor defensa es utilizar proyectos bien revisados y evitar otorgar permisos innecesarios a dApps desconocidas.

Los rug pulls y los esquemas pump-and-dump son comunes en lanzamientos de NFTs y tokens. Un rug pull ocurre cuando los desarrolladores lanzan un proyecto, generan entusiasmo para atraer compradores y luego desaparecen con los fondos. Las tácticas pump-and-dump inflan artificialmente el valor de un token o NFT para que los primeros participantes vendan rápidamente, desplomando el precio después. Estos esquemas explotan el FOMO (miedo a quedarse fuera) y suelen apoyarse en marketing llamativo y recomendaciones de influencers. Siempre investiga al equipo del proyecto, la hoja de ruta, la participación de la comunidad y la tokenómica antes de invertir.

Incluso más allá de las estafas, la volatilidad del mercado es un riesgo fundamental. Los mercados NFT y cripto todavía son inmaduros y los precios pueden fluctuar violentamente según el sentimiento del mercado, factores macroeconómicos o noticias regulatorias. Un NFT que se vendió por $10,000 la semana pasada podría valer $100 hoy. Los valores de los tokens cambian diariamente y las burbujas especulativas ya se han formado y explotado múltiples veces. La clave para sobrevivir a esta volatilidad es tratar los NFTs y tokens como activos a largo plazo — no como ganancias rápidas — e invertir únicamente lo que estés dispuesto a perder.

La sobrecentralización es otra amenaza oculta en un espacio que afirma ser descentralizado. Aunque las redes blockchain son descentralizadas en teoría, en la práctica gran parte del poder todavía está concentrado en manos de grandes actores — importantes marketplaces NFT, influencers populares y proyectos financiados por capital de riesgo. El control centralizado sobre herramientas clave (como almacenamiento de metadatos o propiedad de dominios) puede conducir a censura, manipulación o ventajas injustas. Los usuarios de Web3 deben mantenerse atentos y apoyar infraestructura verdaderamente descentralizada siempre que sea posible.

La incertidumbre legal y regulatoria también representa un riesgo a largo plazo. Gobiernos de todo el mundo todavía están tratando de determinar cómo tratar los NFTs, las DAOs y los ingresos provenientes de criptomonedas. ¿Los NFTs son propiedad, valores financieros o coleccionables? ¿Los miembros de una DAO son responsables legalmente por decisiones grupales? ¿Qué impuestos se aplican a reventas de NFTs o recompensas de staking? Hasta que existan marcos regulatorios claros, creadores e inversionistas seguirán navegando zonas grises. Mantener registros detallados y consultar profesionales especializados en impuestos cripto es una decisión inteligente.

Pero a pesar de los riesgos, el futuro de la propiedad digital es prometedor. Web3 está construyendo las bases de un internet donde las personas realmente poseen su contenido, activos, identidades e interacciones. Los NFTs pueden evolucionar hacia credenciales, licencias, membresías y reputaciones portátiles. Las billeteras funcionarán como pasaportes digitales, desbloqueando no solo dApps sino economías completas. La identidad descentralizada y la actividad verificada en blockchain podrían reemplazar nombres de usuario, contraseñas e incluso sistemas tradicionales de crédito.

La interoperabilidad también será un cambio radical. Imagina que tus NFTs, avatares o bienes virtuales puedan moverse sin problemas entre diferentes mundos del metaverso. Estándares como ERC-6551 (cuentas vinculadas a tokens) y protocolos como IPFS ya están trabajando hacia identidades persistentes y administración de activos entre plataformas. A medida que la infraestructura madure, el metaverso evolucionará hacia una versión hiperconectada y propiedad de los usuarios de internet con impacto en el mundo real.

Para prosperar en este futuro, la educación y la precaución deben ir de la mano. Aprende a leer exploradores blockchain, verificar contratos inteligentes, utilizar billeteras multisig y proteger tus seed phrases. Mantente escéptico frente a proyectos que prometen ganancias rápidas. Alíate con comunidades que valoren la transparencia y la utilidad. La revolución de la propiedad digital apenas está comenzando – pero no es una victoria garantizada para todos. Aquellos que actúen inteligentemente, aprendan constantemente y se protejan serán quienes den forma a lo que viene después.

La Historia de Caleb

Caleb siempre se había considerado cuidadoso con el dinero. Como inversionista cripto autodidacta de Brooklyn, había vivido las subidas y bajadas del mercado, aprendido de errores pasados y enseñado a docenas de amigos cómo navegar DeFi y los NFTs. Pero ni siquiera él estaba preparado para lo que ocurrió un jueves por la tarde, cuando un solo clic casi destruyó todo lo que había construido.

Todo comenzó con emoción. Caleb había estado siguiendo un proyecto NFT muy promocionado en Twitter – una colección de arte generativo vinculada a un nuevo videojuego del metaverso. El arte era impresionante y el equipo afirmaba haber recaudado millones en financiamiento. Los influencers lo promocionaban. Discord estaba lleno de actividad. Y entonces llegó el anuncio: "¡El mint está en vivo!" Ansioso por entrar temprano, Caleb hizo clic en el enlace publicado por un moderador en quien confiaba. El sitio parecía oficial. Conectó su billetera, hizo clic en "mint" y aprobó la transacción.

Segundos después, su billetera MetaMask estaba vacía.

Habían desaparecido los NFTs que llevaba meses coleccionando. También los tokens que tenía en staking para generar ingresos pasivos. Incluso las tarifas de gas de la transacción falsa estaban consumiendo sus reservas de ETH. Comprendió demasiado tarde que el sitio era una copia de phishing — prácticamente indistinguible del original. La cuenta del moderador había sido hackeada. Y debido a que las transacciones blockchain son irreversibles, no existía forma de recuperar sus pérdidas.

Esa noche, Caleb no durmió. Pero sí reflexionó. Había bajado la guardia — confió demasiado rápido y actuó impulsivamente. Fue un doloroso recordatorio de que, aunque Web3 ofrece enormes oportunidades, los riesgos son igual de reales.

Decidido a no repetir su error — ni permitir que otros cometieran el mismo — Caleb comenzó a documentar su experiencia. Creó una "Lista de Seguridad Web3" que rápidamente se volvió viral en Twitter. Participó en espacios de discusión, advirtiendo a los nuevos usuarios que siempre verificaran las URLs, utilizaran billeteras físicas para activos valiosos y nunca firmaran contratos que no entendieran. Su error se convirtió en un movimiento educativo.

Mientras reconstruía su camino, Caleb comenzó a notar otros peligros. Observó cómo un amigo cayó víctima de un rug pull — un proyecto NFT que desapareció 24 horas después de recaudar $3 millones en minting. El sitio web, Discord y las redes sociales desaparecieron de la noche a la mañana. El precio mínimo colapsó. Caleb y su amigo quedaron con imágenes sin valor y una costosa lección.

También vio cuán volátil podía ser el mercado. En una ocasión revendió un NFT por cinco veces su precio inicial. Una semana después, otro NFT que había comprado cayó un 90%. Se volvió evidente que el hype podía fabricarse y que no todos los proyectos "blue chip" eran inmunes a los colapsos. El espacio recompensaba a los usuarios tempranos, educados y cautelosos — no necesariamente a los más ruidosos.

Pero mientras Caleb aprendía a navegar estos riesgos, también comenzó a apreciar la visión más amplia de la propiedad digital. Descubrió una plataforma descentralizada de publicación que emitía artículos NFT con regalías en blockchain. Vio profesores creando contenido educativo y ganando criptomonedas por visualizaciones. Un amigo construyó un sistema de identidad donde tus insignias NFT registraban habilidades y experiencias verificadas por DAOs.

Imaginó un mundo donde tu billetera cripto no fuera solo para dinero — sino un pasaporte digital. Allí guardarías tu arte, credenciales, tierras virtuales, inventario de videojuegos e incluso derechos de voto. Podrías moverte libremente entre plataformas, respetado no por un nombre de usuario, sino por tus contribuciones y propiedad verificadas en blockchain. Era internet reinventado — transparente, sin fronteras y propiedad de los usuarios.

Aun así, Caleb no era un idealista ingenuo. Veía cómo algunos proyectos "descentralizados" estaban controlados por unas pocas ballenas. Notaba cómo los NFTs de celebridades se agotaban instantáneamente mientras los creadores independientes luchaban por ser vistos. Entendía que Web3 podía caer en las mismas trampas que Web2 si las personas no permanecían vigilantes. Por eso comenzó a defender estándares abiertos, educación, distribución justa y mejores herramientas para proteger a los usuarios.

Eventualmente, Caleb lanzó una DAO sin fines de lucro llamada WalletWise para educar comunidades sobre seguridad cripto y soberanía digital. Publicaban guías multilingües, ofrecían talleres gratuitos e incluso realizaban simulaciones de estafas para enseñar cómo funcionaba el phishing. Sabía que el futuro no estaba garantizado para ser justo o seguro — pero podía llegar a serlo si suficientes personas luchaban por ello.

Años después, mientras el metaverso maduraba y las billeteras se volvían tan comunes como el correo electrónico, Caleb recordaría aquella tarde no con arrepentimiento, sino con propósito. Perderlo todo le enseñó lo que realmente significa poseer algo digitalmente. No solo activos — sino responsabilidad. Y en el caos salvaje y hermoso de Web3, esa fue la lección más valiosa de todas.

Capítulo 6: Reflexiones Finales y Próximos Pasos

Mientras cerramos este recorrido por Web3, los NFTs y el metaverso, una cosa queda clara: estamos presenciando la formación de una nueva economía digital — impulsada por la descentralización, la creatividad y la comunidad. Esto no es simplemente una actualización tecnológica. Es una redefinición de la propiedad, la identidad, el trabajo y la forma en que participamos en el mundo en línea. Para quienes estén listos para adoptar las herramientas, la mentalidad y las oportunidades de esta transformación, el potencial es inmenso. Pero como cualquier nueva frontera, exige preparación, conciencia y disposición para seguir aprendiendo.

Web3 no es un destino único, sino un espectro de innovación. Comienza con comprender los fundamentos de blockchain, utilizar una billetera cripto e interactuar con aplicaciones descentralizadas. Luego evoluciona hacia la propiedad de activos como NFTs, la participación en DAOs y la construcción dentro de entornos inmersivos del metaverso. Cada capa abre nuevas puertas: oportunidades de ingresos, participación comunitaria, monetización de contenido e interoperabilidad entre plataformas. Tu billetera se convierte en tu llave — tu pasaporte digital, portafolio y perfil, todo en uno.

La belleza de este ecosistema es que no necesitas ser desarrollador ni inversionista temprano en criptomonedas para beneficiarte. Artistas, educadores, músicos, agentes inmobiliarios, especialistas en marketing, gamers y coaches están encontrando maneras de prosperar. Si tienes conocimiento para compartir, contenido para crear o valor para ofrecer, Web3 proporciona nuevas formas de generar ingresos y colaborar. Tu trabajo ahora es encontrar el punto de entrada que mejor se adapte a ti. Comienza con lo que ya sabes y poco a poco incorpora herramientas Web3 para expandir tu alcance y potencial de ingresos.

Para los creadores, el siguiente paso más importante es crear su primer NFT. Puede ser una imagen simple, un video, un texto o incluso una grabación de voz. Recorre el proceso, aprende los pasos y comprende cómo funcionan las plataformas. Ya sea que utilices OpenSea, Zora o Sound.xyz, enfócate en la autenticidad y en contar una historia. Tu audiencia seguirá tu recorrido, no solo tu producto final. Y recuerda incorporar regalías — Web3 trata de ganar no solo una vez, sino para siempre.

Para los emprendedores, considera cómo tu modelo de negocio puede integrar tokens o propiedad comunitaria. ¿Podrías lanzar una membresía tokenizada? ¿Construir un servicio dentro del metaverso? ¿Utilizar NFTs como prueba de acceso, certificación o intercambio de valor? La clave es pensar en utilidad — no solo en hype. La utilidad crea compromiso a largo plazo, lealtad y sostenibilidad. Además, posiciona tu marca como innovadora, inclusiva y adaptable.

Para los inversionistas, el momento de actuar es ahora — pero con precaución. Comienza asignando una pequeña parte de tu portafolio a NFTs blue-chip o tokens del metaverso como MANA, SAND o APE. Únete a sus comunidades. Asiste a sus eventos. Observa cómo evolucionan estos ecosistemas. No persigas los rendimientos más altos ni las tendencias más llamativas. En cambio, busca innovación, transparencia, crecimiento de usuarios y liderazgo sólido. Y diversifica entre plataformas, casos de uso y tipos de tokens.

Para todos — ya sea que estés aquí para construir, invertir, explorar o aprender — el siguiente paso número uno es involucrarte. Únete a una DAO. Participa en un Twitter Space. Asiste a una cumbre virtual. Colabora en un proyecto comunitario. La participación es la forma más rápida de aprender. Cometerás errores, pero también descubrirás personas que apoyarán tu camino, compartirán conocimientos y co-crearán el futuro contigo. En Web3, la comunidad lo es todo.

La seguridad sigue siendo tu base. Nunca dejes de practicar

hábitos seguros con tus billeteras. Nunca hagas clic en enlaces desconocidos ni conectes tu wallet a dApps en las que no confíes. Mantén tus claves privadas fuera de línea. Usa múltiples billeteras para diferentes propósitos (minting, almacenamiento, experimentación). Mantente actualizado sobre tendencias de seguridad, estafas NFT y herramientas de auditoría de contratos inteligentes. Un solo error puede ser costoso — pero un solo hábito inteligente puede proteger todo lo que has construido.

La educación también debe ser constante. Sigue a educadores, analistas y constructores confiables dentro del espacio. Toma cursos gratuitos de Web3 en plataformas como Buildspace, Alchemy University o Dapp University. Lee whitepapers. Únete a servidores de Discord no solo para promocionar tu trabajo, sino para absorber perspectivas de otras personas. El espacio evoluciona tan rápido que el principiante de hoy puede convertirse en el experto de mañana — con enfoque y acción consistentes.

Y finalmente, piensa a largo plazo. Estamos en las primeras etapas de un cambio generacional. Sí, habrá caídas de mercado, cambios regulatorios, proyectos fallidos y modas pasajeras. Pero debajo de todo eso, la arquitectura de un internet descentralizado y liderado por creadores se está construyendo. Quienes permanezcan durante el ruido, se adapten a la tecnología y lideren con valor encontrarán propiedad sobre su tiempo, ingresos, audiencia y futuro.

Ya no eres simplemente un usuario de internet. Eres un coarquitecto de la próxima versión de internet. Web3, los NFTs y el metaverso todavía son jóvenes — pero ya están cambiando vidas, industrias y economías. Ahora tienes el conocimiento para comenzar a construir tu camino dentro de este espacio. El siguiente movimiento es tuyo. Conecta tu billetera. Haz clic en “entrar”. Comienza a construir.

Leila y Web3

Leila estaba sentada en la azotea de su pequeño apartamento en Ciudad de México, con la laptop abierta y la luz dorada del atardecer iluminando las baldosas de la terraza. Hace unos meses, era una traductora de medio tiempo saltando entre trabajos ocasionales, viviendo proyecto tras proyecto. Hoy acababa de lanzar su primera colección NFT vinculada a una DAO educativa que ayudó a fundar. Era más que una fuente de ingresos. Era una prueba — de crecimiento, de posibilidades y de algo mucho más grande desarrollándose frente a ella.

Cuando descubrió Web3, Leila no tenía experiencia tecnológica. Apenas sabía qué era Ethereum. Pero algo en el mensaje resonó profundamente dentro de ella. Un internet descentralizado. Propiedad. Equidad para los creadores.

Comenzó lentamente — leyendo hilos en Twitter, viendo videos explicativos en YouTube y probando MetaMask con una pequeña cantidad de ETH. Su primera compra fue un poema NFT de un artista colombiano. No era costoso, pero se sintió trascendental. Por primera vez, poseía una obra de arte que nadie podía borrar, revocar ni ocultar mediante algoritmos.

Su camino de principiante curiosa a constructora activa no fue lineal. Cometió errores — firmó una mala transacción, invirtió en un proyecto exagerado que desapareció y perdió parte de sus primeras criptomonedas. Pero cada tropiezo le enseñó algo valioso: cómo verificar contratos, cómo auditar equipos y cómo detectar comunidades auténticas. Comprendió que el éxito en Web3 no requería perfección — solo presencia, persistencia y participación.

Eventualmente, Leila encontró su comunidad en un pequeño Discord enfocado en traducir contenido educativo sobre blockchain y NFTs al español. Lo que comenzó como un esfuerzo voluntario se convirtió en una misión. Ella y varias personas más lanzaron EduDAO, un colectivo descentralizado que creaba guías multilingües sobre blockchain, videos de introducción a NFTs y listas de seguridad para billeteras dirigidas a regiones poco representadas. Los miembros contribuían con lecciones, revisaban el trabajo de otros y votaban sobre qué iniciativas financiar. En lugar de depender de patrocinadores o subvenciones, emitieron NFTs de acceso comunitario. Cada uno desbloqueaba cursos, mentorías y derechos de voto dentro de la DAO.

Su primera colección se agotó en 48 horas.

Ahora, Leila pasaba sus mañanas respondiendo preguntas de estudiantes de toda América Latina y sus tardes revisando propuestas comunitarias. Ya no necesitaba un jefe ni una plataforma centralizada que le diera permiso. Sus ingresos provenían de los ingresos de la DAO, regalías NFT y rendimientos por staking del tesoro comunitario. Finalmente sentía que no estaba alquilando espacio en internet — estaba construyendo parte de él.

También se había convertido en mentora. Los martes organizaba sesiones de Zoom llamadas "Wallet & Wine", guiando a nuevos usuarios a través de su primera transacción, enseñándoles cómo evitar estafas y celebrando su primer mint NFT. Siempre les decía la verdad: "Te vas a equivocar. Te vas a sentir abrumado. Pero si sigues apareciendo, este espacio cambiará tu vida."

Y realmente lo creía.

Uno de sus momentos de mayor orgullo ocurrió cuando una madre soltera de Chile le envió un mensaje: "Usé tu video para crear una billetera y convertir el arte de mi hija en NFT. Vendimos dos piezas. Gracias por mostrarme que era posible." No se trataba del dinero. Se trataba del cambio — de consumidor a creador, de seguidor a propietario. Esa era la verdadera recompensa.

Leila veía el futuro claramente ahora. Las billeteras se convertirían en capas de identidad. Las credenciales vivirían en blockchain. Las comunidades no tendrían fronteras. Imaginaba universidades emitiendo diplomas NFT, artistas realizando giras dentro del metaverso y desarrolladores construyendo economías abiertas sin intermediarios. Los riesgos permanecerían — estafas, volatilidad y desafíos de gobernanza — pero también las recompensas.

Mientras el sol desaparecía bajo el horizonte, Leila guardó su informe de la DAO y se recostó hacia atrás. Su viaje aún no había terminado. Web3 todavía estaba formándose, seguía siendo desordenado y volátil. Pero era real. Y lo más importante — era suyo. Construido por personas como ella. Propiedad de muchos y no de unos pocos.

Sonrió, cerró su laptop y susurró para sí misma: "Siguiente bloque, siguiente capítulo."

Capítulo 7: Web3 para Creadores, Emprendedores y Usuarios Cotidianos

Web3 no es solo para traders de criptomonedas, desarrolladores o primeros adoptantes — es un poderoso conjunto de herramientas para creadores, emprendedores y usuarios cotidianos que están listos para tomar el control de su futuro digital. El auge de las tecnologías descentralizadas, los ecosistemas tokenizados y las plataformas inmersivas ha creado modelos económicos completamente nuevos que permiten a personas de todos los niveles y sectores crear, ganar dinero y participar de manera significativa. En este capítulo, analizaremos cómo Web3 empodera a las personas en distintos niveles de habilidad e industrias, con enfoques paso a paso para comenzar.

Para los creadores, Web3 ofrece monetización directa sin necesidad de intermediarios como editoriales, sellos discográficos o agencias. Los artistas pueden crear y vender NFTs de sus obras, los músicos pueden lanzar álbumes tokenizados con estructuras de regalías, los autores pueden restringir el acceso a libros o newsletters mediante membresías basadas en NFTs, y los cineastas pueden financiar proyectos mediante plataformas descentralizadas de crowdfunding. Todo esto puede hacerse desde un smartphone o una laptop, llegando instantáneamente y de manera segura a una audiencia global.

Uno de los aspectos más revolucionarios para los creadores es el concepto de regalías en blockchain. Tradicionalmente, cuando un músico o artista vende una obra, recibe un pago una sola vez y las ventas secundarias generan ganancias para otras personas. Con los NFTs, los creadores pueden incorporar un porcentaje de regalías (por ejemplo, entre 5% y 10%) dentro del contrato inteligente del token. Esto significa que reciben pagos automáticos cada vez que el activo es revendido — sin negociaciones ni procesos de cumplimiento. Este modelo recompensa la creatividad a largo plazo, construye ingresos recurrentes y garantiza que los creadores se beneficien del crecimiento de valor de sus obras.

Web3 también brinda a los creadores control sobre sus comunidades. En lugar de depender de plataformas como Instagram o TikTok — donde cambios de algoritmo pueden destruir la visibilidad de la noche a la mañana — los creadores pueden construir comunidades restringidas por tokens en plataformas como Discord, Telegram o aplicaciones sociales descentralizadas. La propiedad de un NFT o token de un creador puede proporcionar acceso a contenido exclusivo, derechos de voto, lanzamientos de mercancía o incluso invitaciones a eventos físicos. Esto transforma seguidores pasivos en participantes activos y genera lealtad y compromiso mucho más fuertes.

Para los emprendedores, Web3 introduce modelos de negocio escalables construidos sobre transparencia y economía de tokens. Las startups pueden lanzar utility tokens que impulsen el uso dentro de su plataforma, incentiven la actividad de los usuarios o den a los clientes participación en el crecimiento de la plataforma. Los negocios basados en servicios pueden tokenizar el acceso a sus ofertas — ya sea un programa de coaching, una herramienta online o un servicio de consultoría — creando nuevas capas de monetización. Con contratos inteligentes, los pagos, la entrega de servicios y la interacción con clientes pueden automatizarse.

Una estructura cada vez más popular es la organización autónoma descentralizada (DAO). Los emprendedores pueden lanzar DAOs que recauden capital, voten prioridades y distribuyan ganancias entre miembros sin formar una corporación tradicional. Una DAO puede ser un centro de desarrollo de productos, un club de inversión o una agencia de marketing descentralizada. La diferencia principal es que la gobernanza es impulsada por la comunidad y completamente transparente, con todas las acciones registradas en blockchain. Esta estructura reduce fricción al iniciar proyectos, alinea incentivos y genera confianza comunitaria desde el primer día.

Para los usuarios cotidianos, Web3 ofrece soberanía digital. Ya no necesitas regalar tus datos gratuitamente para utilizar servicios online. Puedes poseer tu propia identidad, tus propios activos y tu propia reputación. En lugar de depender de puntuaciones crediticias centralizadas o perfiles sociales, tu billetera se convierte en prueba de participación, logros y contribuciones. Web3 te permite ganar dinero mediante tu interacción, proteger tu privacidad y crear valor sin intermediarios.

Incluso los usuarios casuales pueden participar mediante plataformas learn-to-earn, videojuegos play-to-earn y aplicaciones engage-to-earn. Plataformas como RabbitHole o Layer3 recompensan a los usuarios por aprender habilidades Web3. Otras como Sweatcoin o StepN recompensan el movimiento y hábitos saludables. Los ecosistemas gaming recompensan tiempo y estrategia con tokens reales. Estos modelos cambian completamente las reglas – pagando a los usuarios en lugar de extraer valor de ellos. Además, abren Web3 a personas que no son técnicas pero que están dispuestas a aprender y participar.

Aquí tienes una hoja de ruta simple para cualquier persona que quiera comenzar:

- Configura una billetera (MetaMask, Phantom o Coinbase Wallet) y aprende cómo proteger tu clave privada.
- Financia tu billetera con una pequeña cantidad de criptomonedas utilizando un exchange como Coinbase o Binance.
- Crea un NFT gratuito en plataformas como Zora u OpenSea para aprender cómo funciona la creación de tokens.
- Únete a una DAO o comunidad Web3 alineada con tus intereses. Comienza con una tarea o votación simple.
- Crea valor — ya sea contenido, estrategia, diseño, escritura o promoción — y ofrécelo a la comunidad.
- Experimenta — haz staking, presta tokens, compra tierras virtuales, asiste a eventos o enseña a otros. Así es como subes de nivel.

La parte más emocionante de Web3 es que todavía estamos temprano. Mientras los titulares se enfocan en grandes cantidades de dinero y lanzamientos masivos, gran parte de la innovación está ocurriendo en pequeños rincones comunitarios de internet. Allí es donde emergerá la próxima generación de plataformas, creadores y empresas. No necesitas ser el primero — solo necesitas participar consistentemente.

En última instancia, Web3 trata de recuperar tu valor — tus datos, tu contenido, tus ideas y tu trabajo. Ya seas artista, constructor, profesor o fanático, ya no tienes que esperar permiso para ganar dinero, liderar o poseer. La infraestructura ya existe. Las oportunidades ya existen. Lo único que falta es que tú des el paso adelante.

Cómo Priya Construyó "Rising Rituals"

Priya siempre había sentido que estaba atrapada entre dos mundos. Era una talentosa creadora de contenido con habilidad para contar historias, pero después de años persiguiendo algoritmos de plataformas, estaba agotada. Sus videos sobre bienestar, mentalidad y rituales diarios a menudo se volvían virales — solo para ser desmonetizados, relegados o enterrados sin explicación. "Estás construyendo sobre terreno alquilado", le dijo un amigo. Ella lo ignoró. Hasta el día en que su canal más popular, con más de 200,000 seguidores, fue eliminado sin previo aviso.

Devastada pero no derrotada, Priya comenzó a buscar alternativas. Fue entonces cuando descubrió Web3.

Al principio no entendía mucho — billeteras, tokens, dApps — parecía un idioma extranjero. Pero algo en ello le dio esperanza. ¿Una economía para creadores donde pudiera poseer su contenido, construir su audiencia directamente y recibir pagos sin necesitar permiso de una corporación? Eso sonaba a libertad. Así que se sumergió en el espacio. Un video, un artículo y una transacción de billetera a la vez.

Su primer experimento fue pequeño. Creó una pista de audio motivacional como NFT en Zora y la ofreció como edición limitada para sus seguidores más leales. Sin likes. Sin vistas. Solo propiedad. Para su sorpresa, las 50 copias se vendieron en menos de 48 horas. El ETH llegó instantáneamente a su billetera. No necesitaba AdSense, acuerdos de marcas ni un millón de suscriptores. Solo necesitaba 50 personas que creyeran en su voz y en su mensaje.

Animada por el resultado, construyó una comunidad restringida por tokens llamada Rising Rituals. Poseer uno de sus NFTs otorgaba acceso a un espacio privado en Discord, llamadas en vivo semanales, meditaciones descargables y acceso anticipado a su trabajo. En lugar de seguidores, tenía miembros. En lugar de perseguir tendencias, construía relaciones significativas. Estaba ganando más dinero con menos personas — y generando más impacto en el proceso.

Mientras tanto, su primo Rahul, un emprendedor experto en tecnología, exploraba Web3 desde otra perspectiva. Había pasado años construyendo herramientas SaaS y asesorando dueños de negocios sobre automatización. Ahora estaba ayudando a proyectos a lanzar tokens comunitarios y construir herramientas descentralizadas de productividad. Una DAO a la que se unió estaba creando un marketplace freelance gobernado completamente por poseedores de tokens. Rahul contribuyó con diseño y estrategia y recibió tokens a cambio – tokens que aumentaron de valor a medida que la DAO ganaba tracción.

Los dos primos comenzaron a colaborar. Rahul ayudó a Priya a lanzar un utility token para su comunidad, otorgando a los miembros la capacidad de votar sobre temas de talleres y proponer colaboraciones. Integraron insignias NFT para hitos — rachas de meditación, asistencia a sesiones en vivo y apoyo entre miembros — y utilizaron POAPs para marcar cada evento comunitario. Lo que comenzó como una marca de contenido ahora era una mini economía digital.

No todos lo entendían. Algunos seguidores se molestaban por tener que usar una billetera. Otros temían las estafas relacionadas con criptomonedas. Priya avanzó lentamente, enseñando individualmente, compartiendo tutoriales y siendo radicalmente transparente. También cometió errores — un contrato equivocado casi congeló sus fondos. Pero continuó aprendiendo. Continuó apareciendo. Continuó construyendo.

Entonces llegó el momento que cambió todo.

Se asoció con una ilustradora en Argentina y un músico en Kenia — ambos miembros de su comunidad — para crear una serie de mindfulness completamente impulsada por Web3. La lanzaron como una colección NFT con regalías integradas, incentivos comunitarios e incluso beneficios desbloqueables en el mundo real. El lanzamiento no solo se agotó, sino que también le generó una invitación para hablar en una importante cumbre virtual dentro del metaverso. Miles asistieron. Decenas se unieron a su comunidad. Los patrocinadores comenzaron a contactarla — no con contratos, sino con colaboraciones.

Por primera vez en su vida, Priya se sintió completamente alineada. Seguía creando. Seguía enseñando. Seguía conectando. Pero ahora poseía la experiencia. Ya no estaba alquilando espacio en internet — estaba ayudando a darle forma.

A menudo le decía a su comunidad: "Web3 no se trata de ser técnico — se trata de ser intencional. Se trata de construir sistemas que te sirvan a ti, y no al revés." Les recordaba que esta revolución fue creada para creadores, soñadores y personas comunes que habían sido ignoradas, subestimadas o agotadas.

Priya ya no necesitaba volverse viral. Ya no necesitaba regresar a plataformas que alguna vez la silenciaron. Tenía su billetera, su voz, su comunidad y su propósito.

Capítulo 8: Cómo las DAOs Están Reemplazando a las Organizaciones Tradicionales

Las Organizaciones Autónomas Descentralizadas, o DAOs, representan una de las aplicaciones más innovadoras y disruptivas de la tecnología blockchain. Son organizaciones sin fronteras, impulsadas por la comunidad y gobernadas por código en lugar de jerarquías corporativas. Una DAO permite que personas de todo el mundo colaboren, inviertan, construyan y gobiernen — sin necesidad de bancos, CEOs ni instituciones formales. A medida que avanzamos hacia el futuro del trabajo, el financiamiento y la toma colectiva de decisiones, las DAOs se posicionan como uno de los pilares fundamentales de la revolución Web3.

Una DAO es esencialmente una organización digital que funciona mediante contratos inteligentes. Estos contratos automatizan acciones como votaciones, asignación de fondos y ejecución de propuestas. Las reglas de la DAO son transparentes, están codificadas en blockchain y son visibles para todos los miembros. En lugar de una junta directiva, las DAOs son gobernadas por poseedores de tokens, quienes votan sobre decisiones proporcionalmente a la cantidad de tokens que poseen o mediante sistemas de una persona-un-voto. Este modelo elimina muchas de las ineficiencias y desequilibrios de poder presentes en las organizaciones centralizadas tradicionales.

Unirse a una DAO suele ser tan sencillo como comprar o ganar su token de gobernanza o poseer un NFT específico. Estos tokens otorgan derechos de voto y, en ocasiones, recompensas financieras, como una parte del tesoro de la DAO o emisiones de tokens. Una vez dentro, puedes enviar propuestas, participar en discusiones comunitarias y ayudar a definir la dirección de la DAO. Algunas DAOs se enfocan en inversión, otras en medios, educación, bienes raíces, desarrollo de software o causas sociales. La diversidad de casos de uso para DAOs está explotando – y también las oportunidades para contribuir.

Para los creadores, las DAOs ofrecen una forma de monetizar su trabajo sin perder control. Un músico puede formar una DAO con sus fans, recaudando fondos para un álbum a cambio de NFTs con participación en ingresos o tokens de gobernanza. Los artistas pueden crear colectivos donde los miembros seleccionen, voten y obtengan ganancias de exhibiciones conjuntas. Escritores y cineastas pueden financiar producciones colectivamente y tomar decisiones importantes en colaboración. En todos los casos, la comunidad está invertida — no solo emocionalmente, sino también financieramente — en el éxito del proyecto.

Para los emprendedores, las DAOs reducen la fricción al iniciar proyectos. No existe necesidad de registrar una empresa en las etapas tempranas. En su lugar, un contrato inteligente administra el tesoro y coordina al equipo. Los contribuyentes reciben pagos automáticos en tokens según tareas o recompensas, y la participación puede distribuirse sin abogados ni bancos. El crecimiento es impulsado por usuarios y constructores comprometidos, en lugar de una gestión de arriba hacia abajo. Las DAOs exitosas pueden pasar de conversaciones en Discord a tesoros multimillonarios en meses — no en años.

Algunas de las DAOs más conocidas incluyen MakerDAO (gobernanza de la stablecoin DAI), Friends With Benefits (una DAO cultural basada en membresías), Gitcoin (financiamiento para desarrolladores de código abierto) y Bankless DAO (medios y educación sobre finanzas descentralizadas). Cada una de estas DAOs se ha convertido en un ecosistema vivo donde los miembros gobiernan, ganan dinero y construyen juntos. Sin CEO. Sin oficinas. Solo incentivos alineados y propiedad compartida.

Sin embargo, administrar o unirse a una DAO también presenta desafíos. La apatía de votación es común — muchos miembros no participan, lo que genera bajas tasas de participación. La toma de decisiones puede ser lenta, especialmente si los mecanismos de gobernanza están mal diseñados. También existen riesgos relacionados con contratos inteligentes — si hay errores en el código de la DAO, los fondos pueden ser robados o perderse. Además, persisten zonas grises legales, ya que la mayoría de las jurisdicciones aún no reconocen oficialmente a las DAOs como entidades legales. Esto crea complicaciones relacionadas con impuestos, responsabilidad y cumplimiento regulatorio.

Para ser efectivas, las DAOs deben equilibrar descentralización con eficiencia. Esto suele lograrse mediante sub-DAOs, grupos de trabajo o delegados elegidos que manejan decisiones diarias mientras que las votaciones importantes quedan en manos de la comunidad general. Algunas DAOs implementan votación cuadrática para evitar el dominio basado en riqueza, y otras utilizan sistemas snapshot para evitar tarifas de gas. El diseño de gobernanza es uno de los aspectos más importantes — y en constante evolución — dentro del ecosistema DAO actual.

Para los usuarios cotidianos, las DAOs ofrecen más que una nueva forma de invertir — ofrecen una nueva forma de trabajar. Puedes contribuir con habilidades como escritura, diseño, moderación, programación y marketing y recibir pagos en criptomonedas por tus esfuerzos. En lugar de postularte para trabajos, "aplicas" demostrando valor y contribuyendo. Los colaboradores son recompensados transparentemente, muchas veces con tokens que aumentan de valor a medida que la DAO tiene éxito.

Al final, las DAOs ofrecen una visión de cómo podría verse el futuro del trabajo, el financiamiento y la colaboración: sin fronteras, sin permisos, justo y eficiente. Están eliminando jerarquías, removiendo intermediarios y creando oportunidades para que personas de todo el mundo posean una parte del internet que ayudan a construir. Ya sea que quieras crear una DAO o unirte a una, este es el momento para explorar las DAOs como algo más que una palabra de moda. Son los nuevos modelos de negocio para la era digital.

Ahora, hablemos de la historia de Elijah.

Elijah siempre había querido crear algo propio — una agencia, un negocio, una marca. Pero el proceso de crear una startup lo abrumaba. Registro de LLCs, cuentas bancarias, honorarios legales, inversionistas, empleados — todo parecía demasiado complicado para alguien que solo quería construir cosas interesantes junto a personas talentosas. Todo cambió el día en que descubrió una DAO.

Al principio ni siquiera sabía qué significaban esas siglas. Escuchó el término durante un Twitter Space de un diseñador que admiraba: "Nuestra DAO acaba de votar para financiar un nuevo toolkit para creadores. Estoy emocionado de trabajar con el equipo de desarrollo." Curioso, Elijah siguió los enlaces y descubrió un mundo donde las organizaciones no se construían en edificios corporativos — sino dentro de servidores de Discord y gobernadas mediante contratos inteligentes.

La primera DAO a la que se unió fue un colectivo de contenido enfocado en narrativas descentralizadas. Para convertirse en miembro, solo necesitaba poseer uno de sus NFTs — insignias digitales que funcionaban tanto como llaves de acceso como poder de voto. Instantáneamente pudo leer propuestas, votar sobre nuevos proyectos e incluso presentar las suyas propias. Se sentía como estar dentro de una empresa, pero sin jerarquías. Las personas entraban y salían. Las tareas estaban abiertas y basadas en recompensas. Si entregabas resultados, recibías pagos. Si no, nadie te perseguía.

La primera contribución de Elijah fue simple: un video animado explicando qué era una DAO. Le tomó dos días hacerlo y, a cambio, recibió tokens nativos del colectivo. Días después, utilizó esos mismos tokens para votar sobre una propuesta destinada a traducir el video al español y mandarín.

La propuesta fue aprobada. Los traductores fueron pagados desde el tesoro comunitario. Y el mensaje de la DAO llegó a tres veces más personas en menos de una semana.

Quedó completamente fascinado.

A diferencia de todos los trabajos que había tenido, las DAOs no se preocupaban por currículums. Sin entrevistas. Sin cartas de presentación. Solo pruebas de trabajo, contribuciones y colaboración. Se unió a tres DAOs más — una que desarrollaba herramientas descentralizadas de diseño, otra enfocada en financiar proyectos de impacto local y otra que compraba tierras digitales en el metaverso para organizar exhibiciones globales de arte. En cada una aportaba valor de maneras distintas: creando contenido, moderando discusiones y asesorando en branding.

Entonces hizo algo audaz.

Decidió lanzar su propia DAO.

Todo comenzó con una misión simple: apoyar creativos en etapas tempranas mediante financiamiento, mentoría y exposición. La llamó CreateChain. Escribió la propuesta en Mirror, creó un token fundador y lanzó un servidor en Discord. Al principio solo se unieron unas pocas personas — amigos de otras DAOs donde participaba. Pero ellos creían en la misión.

Juntos diseñaron un sistema de gobernanza, configuraron una billetera multisig Gnosis para el tesoro y comenzaron a emitir recompensas para desarrollo web, curaduría y marketing.

En pocas semanas, colaboradores de más de 20 países estaban involucrados. Diseñadores enviaban portafolios. Escritores solicitaban participar en la narrativa del proyecto. Músicos ofrecían musicalizar videos de campañas. Cada decisión era propuesta, discutida, votada y ejecutada transparentemente en blockchain. Incluso los pagos eran automatizados mediante contratos inteligentes. No existía CEO. No existía jefe. Solo una misión, una visión y incentivos alineados.

Aun así, surgieron dificultades. La participación comenzó fuerte, pero lentamente disminuyó — las personas se ocupaban, las votaciones se estancaban y algunas billeteras acumulaban demasiado poder de voto. Elijah respondió creando un consejo rotativo para fomentar decisiones más distribuidas e introdujo puntuaciones de reputación vinculadas a actividad en blockchain. Poco a poco, la participación regresó — y también el impulso.

Al finalizar el año, CreateChain había financiado 42 proyectos creativos relacionados con arte, cine, escritura y música. Uno de los beneficiarios, un joven poeta de Sudáfrica, logró que su colección de poesía NFT fuera exhibida dentro del metaverso y posteriormente firmó un acuerdo de publicación Web3. Otro lanzó un documental utilizando el modelo de regalías respaldado por la DAO de CreateChain. Cada victoria para los creadores se sentía como una victoria para toda la DAO.

Elijah nunca miró atrás.

Todavía trabajaba desde su pequeño apartamento, usaba pantuflas todo el día y algunas veces comía ramen tres días seguidos — pero estaba construyendo algo real. Algo sin fronteras. Algo colectivo. Ya no esperaba que una empresa lo contratara ni que un fondo de inversión financiara sus ideas. Tenía comunidad, código y convicción. Y eso era suficiente.

Las DAOs, comprendió finalmente, no eran solo un nuevo modelo de negocio. Eran una filosofía: confiar en las personas, automatizar el resto y compartir las recompensas.

Capítulo 9: Identidad Digital, Propiedad y Reputación en Web3

A medida que avanzamos más profundamente en la era Web3, el concepto de identidad digital se está volviendo tan importante como las transacciones financieras o la creación de contenido. En Web2, la identidad estaba fragmentada, controlada por plataformas y monetizada sin el consentimiento del usuario. Tenías diferentes nombres de usuario, contraseñas y perfiles en decenas de plataformas – cada una propiedad de una empresa y no tuya. En contraste, Web3 introduce un futuro donde tu identidad es soberana, portátil y construida sobre una reputación verificable en blockchain.

En el centro de la identidad Web3 se encuentra la billetera cripto. Ya sea MetaMask, Phantom u otro proveedor, esta billetera es mucho más que una llave para acceder a fondos – es tu pase de acceso a aplicaciones descentralizadas, espacios sociales, NFTs, DAOs y metaversos. Almacena tu historial de transacciones, coleccionables, credenciales, membresías e insignias comunitarias. La billetera se convierte en tu pasaporte digital, y los activos dentro de ella cuentan la historia de lo que has hecho, creado y contribuido.

La evolución de la identidad basada en billeteras está siendo acelerada por herramientas como ENS (Ethereum Name Service) y Lens Protocol. ENS te permite reclamar una dirección legible por humanos (como tunombre.eth) que reemplaza largas y complejas cadenas de billeteras. Esto facilita las interacciones y comienza a vincular reputación con identidad. Lens Protocol va aún más lejos – permitiéndote crear un perfil social descentralizado que se conecta con aplicaciones de todo el ecosistema Web3. En lugar de construir audiencias en Twitter, YouTube o Instagram, puedes construirlas en Lens – y poseer permanentemente tus seguidores, contenido e interacción.

Otra capa de identidad en Web3 son las credenciales basadas en NFTs. Estas pueden representar cualquier cosa: prueba de asistencia a un evento (POAPs), finalización de un curso, membresía en una DAO o contribuciones a un proyecto. A diferencia de las insignias en un currículum, estos tokens viven en blockchain y pueden ser verificados independientemente por cualquiera. Esto transforma la identidad de "decir" a "demostrar". Ya no necesitas cartas de recomendación – tienes tus acciones registradas en blockchain respaldando tu reputación.

Esta evolución abre el camino para sistemas de reputación. En lugar de que la influencia social se determine mediante likes o seguidores, se mide a través de actividad en billeteras, contribuciones y participación verificada. Plataformas como Gitcoin Passport, SourceCred y Karma están desarrollando formas de cuantificar el comportamiento on-chain en métricas reputacionales. Por ejemplo, si votas constantemente en una DAO, contribuyes código o creas contenido educativo, tu billetera construye confianza. En el futuro, estas señales podrían utilizarse para acceder a financiamiento, roles de liderazgo o herramientas premium.

Para los creadores, esto cambia completamente las reglas del juego. En Web2, los algoritmos ocultaban tu contenido a menos que pagaras o siguieras las reglas de la plataforma. En Web3, tu identidad es persistente y tu trabajo puede quedar permanentemente asociado a tu reputación. Puedes moverte entre plataformas, llevar tu audiencia contigo y demostrar propiedad sobre todo lo que publicas. Tu reputación puede desbloquear colaboraciones, comisiones y confianza comunitaria — sin necesidad de "comenzar desde cero" en cada nueva aplicación.

Para constructores y emprendedores, esto significa mejores filtros de colaboración. En lugar de revisar currículums, puedes revisar el historial de contribuciones de una billetera. ¿Quieres contratar un desarrollador de contratos inteligentes? Observa lo que ha construido en blockchain. ¿Quieres financiar a un artista? Revisa su participación comunitaria y su historial NFT. Esto transforma profundamente la contratación, la inversión y la construcción de comunidades.

Por supuesto, la identidad digital en Web3 todavía está evolucionando y enfrenta desafíos. La privacidad es uno de los principales. Las billeteras son seudónimas – no anónimas – y una vez conectadas con tu identidad del mundo real, todas tus acciones pueden rastrearse. Si no se gestiona correctamente, esto puede provocar vigilancia no deseada o doxxing. Para contrarrestarlo, algunos usuarios separan billeteras para identidad, almacenamiento y experimentación. Otros utilizan pruebas de conocimiento cero y capas de privacidad como zkSync o Tornado Cash (aunque algunas enfrentan escrutinio legal).

Otro desafío es la interoperabilidad. No todas las plataformas reconocen los protocolos de identidad o puntuaciones reputacionales de otras. Puedes tener una sólida reputación en una comunidad y ser un desconocido en otra. Esto está cambiando con protocolos que actúan como "agregadores de identidad", permitiéndote transportar tus datos entre distintas dApps. Proyectos como Ceramic Network, BrightID y Proof of Humanity están construyendo estándares descentralizados de identidad para resolver este problema.

Finalmente, la autocustodia y la seguridad son esenciales. Si tu billetera es comprometida, tu identidad y reputación también pueden serlo. Esto hace que la correcta gestión de claves, el almacenamiento en frío y la higiene de billeteras sean fundamentales. Algunos usuarios Web3 ahora dividen su identidad en niveles — pública, semiprivada y completamente anónima — dependiendo del riesgo y el propósito de cada wallet. Igual que en la vida real, no todas las identificaciones se muestran en cada situación.

En los próximos años, probablemente veremos cómo la identidad Web3 se extiende al mundo real — reemplazando inicios de sesión, impulsando servicios gubernamentales, administrando credenciales y ofreciendo experiencias seguras en línea sin almacenamiento centralizado de datos. Los días en que las plataformas poseen tus datos y controlan tu acceso están contados.

Tu billetera es mucho más que una llave para acceder al metaverso. Es tu yo digital. Y en el mundo descentralizado que está emergiendo, la manera en que construyas, utilices y protejas esa identidad determinará tu influencia, tus oportunidades y tu legado.

Tanya y ChainChapters

Tanya nunca imaginó que su perfil online se convertiría en su activo más valioso — hasta que ocurrió.

Trabajaba tiempo completo moderando comunidades para algunos proyectos NFT, escribía ocasionalmente para un blog de criptomonedas y contribuía esporádicamente a propuestas DAO. Desde afuera, nada de eso parecía glamoroso. Sin un perfil llamativo. Sin contenido viral. Pero dentro de Web3, su reputación crecía silenciosamente. Cada voto en blockchain, cada artículo publicado y cada NFT que poseía dibujaban la imagen de alguien que aparecía constantemente, aportaba valor y entendía el espacio.

Todo comenzó con una pequeña colección NFT llamada ChainChapters, que distribuía retos semanales de escritura a sus holders. Tanya se unió por curiosidad y permaneció porque los desafíos realmente la impulsaban. Empezó a enviar textos constantemente. Poco a poco, su billetera se llenó de insignias verificadas de colaboradora — cada una un NFT vinculado a una fecha, un reto específico y revisiones entre pares. Después de algunos meses, uno de sus relatos fue presentado en un evento de galería dentro del metaverso. Su nombre — o mejor dicho, su nombre ENS, tanya.eth — aparecía en la pared.

Lo que más la sorprendió no fue solo el reconocimiento. Fue lo que ocurrió después.

Recibió un mensaje del fundador de una DAO educativa. Habían visto su trabajo, verificado sus contribuciones mediante la actividad de su billetera y querían ofrecerle un puesto de escritura para su currículo. Sin solicitud. Sin currículum. Solo su reputación en blockchain.

Ese momento cambió todo.

Tanya comprendió que su billetera se estaba convirtiendo en su currículum y que cada acción que realizaba dentro del espacio Web3 estaba construyendo una identidad que podía llevar consigo a cualquier lugar. Su billetera no solo almacenaba monedas o NFTs — almacenaba su historia. Sus POAPs mostraban qué conferencias había asistido. Sus tokens reflejaban su participación en DAOs. Sus conexiones sociales, trabajos publicados y membresías verificadas vivían en un solo lugar transparente y verificable.

Pero con gran transparencia viene gran responsabilidad.

Comenzó a administrar su identidad digital de manera más intencional. Registró tanya.eth y la conectó con su perfil de Lens Protocol. Dividió sus billeteras en tres: una para su identidad pública, otra para trabajo e ingresos DAO y una tercera para experimentación y privacidad. Utilizaba su wallet pública para todo su trabajo creativo y membresías DAO — curándola como si fuera un portafolio. Cuando surgía un nuevo trabajo o colaboración, ya no enviaba un enlace a LinkedIn — compartía su ENS.

Con el tiempo, su perfil comenzó a abrir puertas. Recibía airdrops de comunidades con las que había interactuado. Era invitada a eventos restringidos por tokens. Obtenía acceso anticipado a nuevas herramientas y plataformas que priorizaban reputación basada en billeteras sobre fama en redes sociales. Aún más impresionante, otros usuarios comenzaron a contactarla — no porque fuera famosa, sino porque su comportamiento en blockchain era confiable y consistente.

Pero no todo era perfecto.

Un día, una nueva DAO la invitó a ser asesora. Accidentalmente vincularon su identidad pública con su billetera privada mediante una transacción pública y, en pocas horas, personas comenzaron a especular en foros sobre sus activos, sus votos e incluso sus ingresos. Fue una incómoda llamada de atención. Tuvo que rotar billeteras, actualizar permisos y comenzar a utilizar herramientas como pruebas zk y billeteras protegidas para cualquier cosa que no quisiera mostrar públicamente.

Comprendió que la privacidad en Web3 no se trata de esconderse — se trata de elegir qué revelar.

Tanya se convirtió en defensora de mejores estándares de identidad digital. Participó en discusiones open-source sobre identificadores descentralizados, seudonimato y soulbound tokens capaces de registrar logros sin comprometer el anonimato. Comenzó a hablar en eventos, ayudando a artistas y freelancers a entender cómo construir reputaciones portátiles y proteger su historial on-chain.

Eventualmente, la identidad de Tanya se transformó en algo nuevo. No un nombre de usuario. No un rostro. Sino un registro de valor — una historia transparente e inmutable de confianza, contribución y crecimiento. Su billetera decía más sobre ella que cualquier biografía podría expresar. Y en Web3, eso era lo que más importaba.

Ya no temía ser ignorada, despedida o expulsada de plataformas. No necesitaba permiso de nadie para crecer. Su trabajo hablaba por sí mismo — y viviría para siempre en blockchain.

Capítulo 10: Preparándose para lo que Viene — Cómo Mantenerse a la Vanguardia en Web3 y el Metaverso

El ritmo de innovación en Web3, los NFTs y el metaverso es implacable. Lo que hoy es revolucionario puede quedar obsoleto en seis meses. Esta evolución acelerada puede sentirse abrumadora, pero también es lo que hace que este espacio esté lleno de oportunidades. Para quienes desean mantenerse a la vanguardia — creativa, financiera y profesionalmente — el éxito depende de la adaptabilidad, el aprendizaje estratégico y la participación impulsada por la comunidad. El internet descentralizado todavía es joven, y las posiciones más valiosas aún se están definiendo. La pregunta es: ¿Cómo te posicionarás para lo que viene?

La primera clave para mantenerse adelante es convertir la educación en un hábito diario y no en un logro único. En Web2, las habilidades evolucionaban lentamente. En Web3, cambian mensualmente. Nuevos protocolos se lanzan, las herramientas se actualizan, los estándares de contratos inteligentes evolucionan y ecosistemas completos cambian. Debes tratar Web3 como un idioma — si no lo practicas regularmente, te quedarás atrás. Dedica tiempo cada semana para leer whitepapers, escuchar Twitter Spaces, asistir a talleres online y experimentar de manera práctica con nuevas herramientas, aunque sea realizando pequeñas transacciones de prueba. Plataformas como Mirror, Paragraph y Farcaster son ahora donde viven las ideas tempranas — sigue a los constructores allí antes de que los medios tradicionales alcancen la tendencia.

La segunda clave es especializarte mientras mantienes flexibilidad. Web3 es enorme: NFTs, DAOs, DeFi, gaming, identidad, infraestructura y mucho más. No necesitas dominarlo todo, pero sí profundizar en algún área. Ya seas un artista que domina las regalías NFT, un colaborador DAO reconocido por optimizar gobernanza o un constructor del metaverso que crea experiencias 3D — elige un camino donde puedas construir autoridad. Al mismo tiempo, prepárate para cambiar cuando emerjan nuevas capas tecnológicas. Muchos artistas NFT tempranos ahora dirigen comunidades exitosas, y analistas DeFi se han convertido en estrategas DAO. Reinventarse es esperado — y recompensado.

El tercer pilar es la participación comunitaria. Web3 se construye sobre comunidades — no sobre empresas. Servidores de Discord, foros DAO, crypto Twitter, grupos de Telegram y Lens Protocol albergan discusiones que conducen a oportunidades reales. La mayoría de alianzas, airdrops, ofertas tempranas de trabajo e invitaciones a grupos privados no provienen de solicitudes frías, sino de ser un miembro activo y visible dentro de un ecosistema de nicho. Participa. Contribuye. Haz preguntas. Comparte valor. Si eres constante, tu nombre circulará — y también tu billetera.

El siguiente paso es ganar y reinvertir utilizando métodos nativos de Web3. A medida que acumules tokens provenientes de contribuciones, regalías o staking, piensa en ellos no solo como ingresos, sino como influencia. Utilízalos para participar en gobernanza, financiar creadores prometedores o apoyar herramientas que utilizas diariamente. Esto construye tanto capital social como potencial financiero. En un espacio donde alinearse temprano con proyectos sólidos puede generar retornos exponenciales, apoyar constructores desde el inicio es una forma inteligente de expandir tanto tus activos como tu red de contactos.

También debes desarrollar tu marca personal en Web3, la cual funciona de manera distinta a los entornos tradicionales. En lugar de currículums pulidos y biografías corporativas, tu reputación en blockchain, tu nombre ENS, tu curaduría NFT y tu actividad comunitaria se convierten en tu marca. Utiliza plataformas como Paragraph o Mirror para escribir regularmente. Publica en Lens para compartir ideas y logros. Crea NFTs de tus proyectos. Documenta tus experimentos. En

Web3, tu historia no es algo que escribes — es algo que demuestras mediante tus acciones.

Otra estrategia esencial es crear opcionalidad mediante múltiples billeteras, identidades y fuentes de ingresos. Mantén wallets separadas para actividad profesional, experimentación y holdings privados. Considera probar nuevas plataformas utilizando perfiles seudónimos. Esto protege tu seguridad mientras te permite experimentar sin afectar tu identidad principal. Además, construye múltiples caminos de ingresos – NFTs, trabajo DAO, staking, alquiler de propiedades virtuales, educación, programas de afiliados o incluso consultoría. Mientras más diversificados sean tus ingresos Web3, más resiliente te volverás.

Para mantenerte preparado para el futuro, también debes seguir las tecnologías que están dando forma a la próxima fase de Web3, como:

- Pruebas de Conocimiento Cero (ZKPs): soluciones de privacidad que permiten compartir identidad y datos sin exponer detalles personales.
- dApps integradas con IA: aplicaciones de contratos inteligentes impulsadas por machine learning, incluyendo herramientas predictivas financieras y modelos de contenido generativo.

- Ecosistemas cross-chain: proyectos que permiten mover activos fluidamente entre cadenas como Ethereum, Solana, Avalanche y más.
- Cuentas vinculadas a tokens (ERC-6551): NFTs que funcionan como billeteras/cuentas, creando identidades y personajes digitales totalmente programables.
- Soulbound Tokens: NFTs no transferibles que representan logros, certificaciones o relaciones, útiles en educación y reputación.
- Infraestructura Física Descentralizada (DePIN): utilidad del mundo real construida sobre blockchain, desde redes energéticas hasta infraestructura inalámbrica.

Todas estas tecnologías se convertirán en elementos centrales de Web3 durante los próximos 2–5 años, y mientras antes comiences a experimentar con ellas, mayor será tu ventaja.

Finalmente, la mentalidad importa. Mantente humilde. Este espacio se mueve rápido y nadie tiene todas las respuestas. Cometerás errores. Perderás oportunidades. Pero si mantienes curiosidad, enfoque y conexión con la comunidad, seguirás creciendo — incluso durante mercados bajistas. Los constructores más inteligentes tratan cada ciclo como una oportunidad para perfeccionar habilidades, construir relaciones y acumular conocimiento mientras otros persiguen hype.

Web3 no se trata únicamente de oportunidades financieras — se trata de soberanía digital, control creativo y redefinir lo que es posible. Aquellos que estén preparados, sean proactivos y estén conectados con las redes correctas serán quienes lideren esta transformación — no quienes simplemente la observen desde afuera.

El próximo capítulo de internet se está escribiendo ahora mismo. No necesitas ser el primero — solo necesitas involucrarte. Así que toma lo que has aprendido, entra en la arena y sigue construyendo.

La Historia de Andre

Andre había vivido tres ciclos alcistas de Web3 y dos mercados bajistas brutales. Había visto proyectos dispararse y colapsar, observó amigos convertirse en millonarios y luego perderlo todo. A través de todo ello, permaneció centrado. No porque fuera el inversionista más inteligente ni el primer adoptante, sino porque comprendía una cosa: esto no se trataba del hype. Se trataba de permanecer en el juego el tiempo suficiente para construir algo real.

Cuando Andre ingresó por primera vez a Web3, era un profesor de secundaria curioso sobre la educación descentralizada. Experimentó con credenciales NFT para sus cursos online y se unió a una DAO enfocada en tutorías dirigidas por la comunidad. Ese pequeño experimento floreció hasta convertirse en un trabajo de tiempo completo asesorando proyectos EdTech sobre integración blockchain. Pero lo que realmente lo mantenía adelante no era solo su uso de herramientas — era su mentalidad.

Cada mañana, Andre leía tres artículos en Mirror, revisaba cinco foros DAO y veía al menos un nuevo devlog o demostración de protocolo. No era programador, pero entendía lo suficiente para detectar patrones. Veía hacia dónde se dirigía el espacio mucho antes de que fuera obvio para los demás. Cuando las pruebas de conocimiento cero comenzaron a ganar popularidad, se sumergió en explicaciones sobre zk-rollups y creó una serie de blogs traduciendo lenguaje técnico para usuarios cotidianos. Cuando Lens Protocol fue lanzado, creó su perfil y comenzó a documentar las diferencias entre redes sociales centralizadas y descentralizadas. Cada publicación le generaba nuevos seguidores — y ofertas de trabajo.

Su lema era simple: aprender, aplicar, compartir.

Mantenía múltiples billeteras para diferentes partes de su vida digital: una para probar herramientas, otra para generar ingresos mediante DAOs y otra para almacenar activos a largo plazo. Respaldaba cuidadosamente sus seed phrases. Nunca perseguía el último airdrop sin comprender primero los fundamentos del proyecto. Mientras otros especulaban salvajemente, Andre construía silenciosamente. Cuando el hype regresaba, las personas comenzaban a citarlo. Sus publicaciones en Lens eran compartidas. Sus billeteras se convertían en referencias de confianza. Y los proyectos empezaban a pedirle consultoría — no solo como asesor, sino como líder de pensamiento.

Uno de sus momentos de mayor orgullo llegó cuando ayudó a un grupo de creadores poco representados a lanzar una DAO social enfocada en storytelling. Les enseñó cómo lanzar un token comunitario responsablemente, cómo distribuir roles de manera justa y cómo evitar errores que había visto repetirse en otros proyectos. La DAO se convirtió en un éxito — y los creadores no solo obtuvieron ingresos, sino también reputación.

Lo que más sorprendía a Andre era que su mayor fortaleza no era habilidad técnica. Era adaptabilidad. Entendía que en Web3 las reglas cambian constantemente. Quienes sobreviven no siempre son los más talentosos — son los más flexibles. Una vez asesoró a una analista DeFi que se reinventó como arquitecta del metaverso. Otro amigo pasó de artista NFT a educador on-chain. Reinventarse no era un cambio de dirección. Era parte del proceso.

Fue entonces cuando Andre creó su propio marco conceptual: "Web3 Optionality". La idea era ayudar a otros a desarrollar múltiples fuentes de ingresos, múltiples reputaciones y múltiples habilidades — todas ancladas a identidad blockchain. Enseñaba gestión de wallets, creación de contenido, estrategia on-chain y, más importante aún, cómo construir durante mercados bajistas. Su comunidad creció rápidamente y su newsletter alcanzó 50,000 suscriptores en menos de un año. Cada publicación estaba firmada con su ENS y verificada mediante su historial de publicaciones en blockchain.

Un día, un estudiante le preguntó: "¿Cómo sabes qué viene después?"

Andre hizo una pausa. Luego sonrió.

"No lo sé", respondió. "Pero me mantengo cerca de donde se está construyendo el siguiente paso."

Para él, mantenerse adelante no se trataba de saberlo todo — se trataba de aparecer constantemente. Escuchar. Participar. Probar. Enseñar. Formar parte de la evolución, no simplemente observarla desde lejos. Y en ese enfoque encontró libertad — no solo libertad financiera, sino libertad creativa, comunidad y un verdadero sentido de pertenencia digital.

Mientras miraba hacia el futuro, Andre veía un mundo donde las billeteras reemplazarían los inicios de sesión, donde las credenciales podrían verificarse con un clic y donde las personas realmente poseerían lo que crean. No sabía qué protocolo o plataforma ganaría. Solo sabía que estaría listo.

Porque en Web3, quienes prosperan no son los que llegan temprano.

Son quienes nunca dejan de construir.

Epílogo: Tú Eres el Futuro de Internet

Este libro comenzó como una guía — pero termina con una responsabilidad. Web3 es mucho más que una tendencia tecnológica. Es una reinvención de todo lo que hemos aceptado sobre cómo funciona internet. Durante las últimas dos décadas, hemos intercambiado privacidad por conveniencia, propiedad por acceso y creatividad por algoritmos de plataformas. Pero ese ya no es el único camino. Ahora nos encontramos al borde de una revolución digital donde los usuarios se convierten en propietarios, las comunidades se convierten en economías y el código se convierte en ley.

Has aprendido cómo internet evolucionó desde las páginas estáticas de Web1 hacia las plataformas sociales de Web2 y finalmente hacia los marcos descentralizados de Web3. Has explorado cómo los NFTs han creado nuevos modelos de propiedad y regalías, permitiendo que artistas y emprendedores se beneficien directamente de su trabajo. Has recorrido las calles del metaverso, viendo cómo las tierras virtuales, las identidades y las economías no solo son reales — sino también rentables. Has examinado las posibilidades, las estafas y los cimientos del futuro.

Pero el conocimiento solo tiene poder cuando se pone en acción.

Ya seas un creador que ha sido mal pagado, un inversionista buscando innovación o un constructor que desea dar forma al mundo digital — te necesitamos. Este nuevo internet no pertenece a instituciones. Pertenece a las personas que aparecen, que prueban, que aprenden, que comparten y que lideran con propósito. El mundo descentralizado no está esperando permiso. Ya se está construyendo — y tú estás invitado.

Las herramientas ya están en tus manos. No necesitas ser programador para generar impacto. Artistas están lanzando exhibiciones globales desde sus habitaciones. Educadores están enseñando dentro del metaverso. Coaches están monetizando mediante comunidades restringidas por tokens. Diseñadores están creando líneas de moda para avatares. Escritores están convirtiendo poemas en artefactos digitales. Las DAOs están votando sobre iniciativas globales. Los guardianes tradicionales han desaparecido — o están desapareciendo — y en su lugar existen sistemas programables, sin permisos y minimizados en confianza que recompensan la participación y la creación.

Por supuesto, este espacio todavía es caótico. Habrá más fraudes, más volatilidad y más promesas rotas. Pero también habrá avances — tecnologías y comunidades que transformarán industrias completas. Quienes se beneficien serán aquellos que permanezcan informados, conectados y curiosos. No necesitas dominar todo hoy. Pero comprométete a mantenerte involucrado. Las recompensas no son solo financieras. Son creativas. Son relacionales. Son transformadoras.

Las personas que están dando forma a Web3 no son únicamente desarrolladores o insiders. Son padres, maestros, estudiantes, artistas, freelancers, gamers y soñadores de todos los continentes. Están unidos no por geografía, sino por visión — la creencia de que internet puede reconstruirse con justicia, inclusión y transparencia en su núcleo. Es un experimento masivo y, como toda revolución, es imperfecto. Pero está vivo. Y está creciendo más rápido que cualquier sistema que hayamos visto antes.

Entonces, ¿cuál es tu siguiente paso?

Tal vez sea crear tu primer NFT. Tal vez asistir a tu primera reunión DAO. Tal vez enseñar a tu comunidad cómo utilizar una billetera cripto. Tal vez diseñar tu propio avatar. O tal vez simplemente leer más, escuchar más y comenzar a imaginar cómo tus habilidades pueden traducirse dentro de esta nueva economía. Ningún paso es demasiado pequeño. Lo importante es que entres.

Porque el internet del futuro no es algo que simplemente nos sucederá. Es algo que construiremos juntos.

Has llegado al final de este libro, pero tu historia en Web3 apenas está comenzando. Todo lo que necesitas para crecer, crear, conectar y poseer tu presencia digital ya está emergiendo. Sigue aprendiendo. Sigue probando. Sigue creando. Sigue apareciendo.

No llegaste tarde. Llegaste justo a tiempo.

como tus habilidades pueden traducirse dentro de esta nueva economía. Ningún paso es demasiado pequeño. Lo importante es que entres.

Porque el internet del futuro no es algo que simplemente nos sucederá. Es algo que construiremos juntos.

Has llegado al final de este libro, pero tu historia en Web3 apenas está comenzando. Todo lo que necesitas para crecer, crear, conectar y poseer tu presencia digital ya está emergiendo. Sigue aprendiendo. Sigue probando. Sigue creando. Sigue apareciendo.

No llegaste tarde. Llegaste justo a tiempo.

www.ingramcontent.com/pod-product-compliance
Lightning Source LLC
LaVergne TN
LVHW040521210926
848480LV00007BA/1542